OHSAMA
BUNKO

アドラー流
「自信」が生まれる本

岩井俊憲

三笠書房

はじめに

アドラー心理学で「新しい自分」に出会う

30年以上にわたって、アドラー心理学にもとづくカウンセリングやセミナーを行なっていますが、最近、自分に自信のない人が増えていると感じます。

実際に話をしたり、ワークに取り組んでもらったりすると、みなさん個性にあふれ、魅力的な人ばかりなのに、自分でそれに気づいていないのです。

本人が当たり前だと思っている部分は十分にプラスの要素になりますし、マイナスに思っている部分でさえ、まわりから見ると、「その人だけのよさ」につながっていることがあるものです。

ことわざで「物は言いよう」と言いますが、アドラー心理学で見ても、まさにその通りなのです。

アドラー心理学では、「自分らしさ」、専門的に言うと、「一人ひとりが持つ固有の能力（リソース）」を非常に重視します。

それは何も、特別な才能や資格といったものではありません。**「他の人と違うところ」は、すべてその人固有の能力、つまり魅力**となり得るのです。

この表われとして、アドラー心理学は「勇気づけの心理学」とも言われます。

勇気づけとは、一言で表わすと、困難を克服する活力を与えることですが、他人に対して行なうだけでなく、自分への勇気づけも大切だと考えます。

そうすることで、自分の存在価値や魅力に気づき、自信を持って人生と向き合えるようになっていくのです。

では、日常生活の中で、**これまで気づかなかった自分の魅力を見つけ、元気と自信がわいてくる**には、どうしたらいいのでしょうか。

本書では、次の「3つの質問」の答えを求めていきます。

①**「新しい人生」**をどう切り開きたいですか?

②**「本当の目標」**は何ですか?

③**「後戻りしない」**ために何をしますか?

これらの質問への答えが定まったとき、新しい自分がはじまります。アドラー心理学がそのお役に立てることを、心から願っています。

もくじ

2章　「どこに向かっているか」わかる人は輝いている
——人が3カ月で変わるターニングポイント

3章　あなたの中の「オリジナリティ」の見つけ方
――「人と違うところ」に大切なものがある

4章 自分にあげたい言葉、きっかけ、ご褒美《ほうび》
――「勇気づけ」というすごい力

5章　「期待」が人を大きくする

――「クリエイティブ・セルフ」のすすめ

編集協力――中吉カレン（オフィスカレン）
本文イラスト――秋葉あきこ

1章

アドラー流「魅力」と「自信」の法則

——新しい自分を引き出す3つの質問

1

いつでも「なりたい自分」になれる

当たり前すぎることかもしれませんが、私たちは誰一人として、同じ人間はいません。

アドラー心理学では、

「人間には誰しも、その人固有の能力（リソース）がある」

という考えがあります。これは、アドラー心理学の生みの親である、アルフレッド・アドラーが大切にしていた教えの一つです。

私はこのリソースをよりわかりやすく、「魅力」と表現したいと思います。

アドラー心理学であなたの「魅力」を知り、あなたと、あなたのまわりの人のために活用することで、自分一人だけでなく周囲とともに、より幸せになっていくことができます。

昨今、アドラー心理学が注目を集めるようになり、多くの書物が出版されています。みなさんの中にも、すでにご存じの方も多いことでしょう。

しかし、中には多少誤解を与える内容のものもあるようです。

この本は、アドラー心理学について正しく理解していただくとともに、これまで出版されたどの本とも違う角度から、**アドラー心理学によって人生を変えていくためのコツ**をご紹介するためにまとめました。

さまざまな心理学では、「今のあなたがそうなった原因は、あなたの過去にあるのです。あなたは何も悪くありません。今のまま、ありのままでいいのです。原因を取り除けば幸せになれます」と言われることがあります。

しかし、アドラー心理学では、決してそうは言いません。

過去の出来事や、親や兄弟をはじめとする環境に原因を求めて、その影響で「自分はこうなってしまった」と犠牲者的立場で後ろ向きに生きるのではなく、「こうなりたい」という目標を持って、そこに向かって自分特有の能力（リソース）「魅力」を活かして、「新しい自分」をつくっていきましょう――。

これがアドラー心理学の基本的な考え方なのです。

たしかに、過去や環境の影響はゼロではありません。しかし、それが100％あなたを拘束するわけではなく、**自分の決断によって未来は自由につくっていけるる**のです。

「自分自身をもっと大切にして、自信を持って前向きに日々を過ごしてほしい」

それがこの本のメッセージでもあります。

あなたが本当に今の自分を変えたいと思い、建設的に生きることを選んだら、

いくつになっても遅いということはありません。アドラーは、

「死ぬ1、2日前でも人は変われる」

と言っています。

私たちは、今この瞬間から、いくらでも変わることができるのです。

あなたが持っている一番の資源《リソース》が「魅力」です

2

毎日、「あなたの魅力」は増えている

アドラー心理学で言うリソース（魅力）とは、誰もが持っている、その人ならではの固有の能力です。

それは何かの資格といった、特別なものだけではありません。

たとえば、「早起きができる」「掃除がうまい」「おいしい店を知っている」「車の運転ができる」「人の話をちゃんと聞ける」「コーヒーを淹《い》れるのがうまい」など、**ちょっとした長所や特技も立派な魅力**なのです。

ただ、ほとんどの人は、それらを自分の魅力だと認識していないだけです。

自分で「当たり前」「ふつう」と
思っているところが、あなたの自信の源に

あなたが自分の魅力に気づいたら、これからの人生はまったく違うものになるでしょう。

さまざまな局面で、自分の魅力をフルに活用して、自分と自分を取り巻く環境にとって最善の道を選び取ることができるのです。

それは、誰かが敷いたレールの上を歩くのではなく、自分の力と決断によって、新しい人生を切り開いていく、まさにあなたによるあなたの「人生の創造」そのものなのです。

ただし、それにはリスクもあります。

誰のせいにもできないのですから、緊張感があります。

しかし、それも含めて〝ワクワク感〟は強くなるはずです。

日々、瞬間瞬間に、もしかしたらこれまで惰性で動いていたかもしれないところを、自分の意思で選択し、行動していくのですから、その先にどんな展開が待っているかわからない。まさに「未知との遭遇」です。

そして、その中で、**また新しい自分の魅力を発見するでしょうし、さらに新しい魅力を身につけることができる**はずです。

生きることは自分の魅力を増やすこと。

さまざまな選択肢が多くなっていくのですから、人生が実り豊かになるのです。

たとえば「早起きが得意」だって立派なセールスポイント

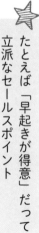

3 「自分らしく生きる」3つのポイント

では、自分のリソース（魅力）を高めていく生き方に必要なものは、何でしょう。

それには、冒頭にふれた「3つの質問」と関連する、次の3つのポイントを押さえること。この本では、順次それらについてふれていきます。

①「過去に原因を求める生き方」から抜け出して、「未来志向で新しい人生を切り開く生き方」にシフトする（2章）

②自分が本当に目指す「目標」を知り、そこに向かって歩いていける「方法」を身につける（3章・4章）

③新しい生き方を選んだあとも、以前の惰性で生きていた自分に戻らないための「ケア」を怠らない（5章）

①は、過去に原因を求めて、「だから自分はこうなんだ。ダメなんだ」とネガティブに決めつけるのではなく、「過去は過去」と割り切って、これから先を主体的にどう生きるかを考える、ということです。

過去に起こったことは、今さら変えることはできません。たとえば、親にひどいことを言われたことも、友人にいじめられたことも、なかったことにはできません。

しかし、**「あんな経験がある自分だからこそ、できることがある！」と考える**

と、過去の経験はあなたの魅力をつくるもとにもなるのです。過去をどうとらえるかは、あなたしだいです。

過去の出来事のプラスの面を見つけて、前向きに生きるためのもとになると考える。それが、未来志向で「新しい人生」を切り開くということなのです。

次の②は、自分の生きる「本当の目標」を知る、ということです。

アドラーは、

「人は誰しも自分だけの目標に向かって創造的に生きている」

と考えました。

気がついていないだけで、人は必ず自分だけの目標を持ち、それに近づこうとしている、と考えたのです。

この自分だけの最終的な目標を、アドラー心理学では「究極目標」（77ページ参照）と呼びます。

それは、「お金持ちになりたい」「いい学校に入りたい」「いい結婚がしたい」といった、目に見える形の目標ではありません。そのずっと先にある「こういう生き方をしたい」という、自分が生きる意義が込められた目標ととらえていいでしょう。

この究極目標を知ることで、どんなメリットがあるかというと、「生きる指針」を得ることができます。

自分は何に向かって生きているのかを知らずに生きるより、知って、それに向かって人生の舵《かじ》を切っていくほうがはるかに効率がよく、充実していくのではないでしょうか。

生きる方向がわかれば、そのために**現時点でできる「最善の選択」は何か**を考えることができます。そして、今の自分には何が足りないかを知り、どうしたらそれを身につけられるかを考えることができます。

こうすることで、**より未来のビジョンがはっきりとイメージできるようになる**

のです。

最後の③は、「後戻りしない」ために、前向きに生き続けるための自分なりの味方を持ち、俯瞰《ふかん》の目（常に自分を高い位置から見渡す目）を忘れないことが大事、ということです。

たとえば、アドラー心理学のカウンセラーは、究極目標を見つけてくれるだけでなく、これから前向きに生きる上で、強力な味方になります。後ろ向きで惰性的な過去の生き方に戻りそうになったときに、軌道修正をする手伝いをしてくれます。また、自信をなくしたときには、勇気を与えてくれるでしょう。

また、「メンター」（159ページ参照）を持つことも重要です。

メンターとは、あなたが「理想」と思える人や、「師」と仰げる人です。

何らかの決断をするときに、「あの人だったら、こんなときにどう考えるだろう」とイメージします。それは自分だけの目で見るのではなく、第三者の目で物事を見ることになります。

これは「共感の目」と言い、常にこの決断が自分にとっても、周囲にとってもプラスであるかを見極める上で非常に大事なのです。

アドラーは、

「人は主観的にしか物事を見ることができない」

と言っています。

つまり、**出来事のすべては、その人がどうとらえるかによって、プラスにもマイナスにもなり得る**ということ。自分なりの物の見方や価値観だけにとらわれると、時としてネガティブに考えたり、行動が周囲にとってマイナスになる場合があります。

そんなときに、第三者の目で見ることを思い出させてくれる人の存在は、とても大事です。

それがメンターなのです。

ですから、今の自分が前向きに進んでいるとしても、進む方向は間違っていないかを絶えず確認し、見直す。そういったケアは怠らないことが大切です。

**「第三者の目」で自分を見れば
お宝がいっぱい！**

4 「いつか」でなく「今」が変わりはじめるチャンス

自分の究極目標を知り、リソース（魅力）を活かした前向きで主体的な人生を送る――。そのために、私がおすすめしている、アドラー心理学にもとづくトレーニング法があります。

「自分起こし」という方法です。

くわしくは3章・4章でお話ししていきますが、これは私が30年以上にわたってアドラー心理学を研究し、個人だけでなく、教育やビジネスの場で実践的に指導してきた中で生まれた、「自分の魅力を引き出す」オリジナルメソッドです。

実際に、「自分起こし」を実践した人たちは、みな確実に変わっていきます。

たとえば、母親の過干渉から逃れられず、母を恨み、自分のよさを認めることができなかった人は、「共感の目」で母親を見ることで、過干渉は母親なりの愛情だったと気づきました。

そして、つらい思い出ばかりだった過去の出来事が、いかに今の自分の魅力のもとになっているかに気づき、母親との関係も改善されました。

また、ずっと「やせたいけど、やせられない」と悩んでいた人は、やせられない本当の理由と向き合うことで、**ダイエットに成功しただけでなく、生き方そのものが前向きになり、周囲の空気までも明るく変える**ことができました。

つまり、彼らは、今の自分を変えることで、これからの人生そのものを変えることができたのです。

「町起こし」「村起こし」をするように
「自分起こし」も！

5 どんな「人生のシナリオ」を描く？

「今の自分」は、あなた自身がつくり上げたものです。

逆を言えば、「未来の自分」も、あなた自身で自由自在につくっていくことができるということです。

過去を思って後ろ向きに生きるのではなく、未来を信じて、自分の魅力を活かして建設的な人生を切り開いていく。

そのためには、まず過去に原因を求める生き方をやめることが、大原則です。

あなたの人生は、誰のせいでも、誰のためでもありません。あなたによる、あなたのためのものです。

「人生の主人公」は自分自身なのです。

あなたが本気で新しく生きることを選んだとき、アドラー心理学のエッセンスがつまったこの本は、きっと力強い味方になるはずです。

「今、こうなった」原因を探しても仕方ない

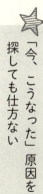

Column

「アドラー心理学」の五大特徴

アドラー心理学は、アルフレッド・アドラーという心理学者が打ち立て、さらに後継者たちが発展させ続けている心理学のことです。

アドラーは、『人を動かす』『道は開ける』などのベストセラーで有名なデール・カーネギーや、『7つの習慣』のスティーブン・R・コヴィーなどに影響を与えた人。

日本でも、最近特に注目を集めるようになりました。欧米では、アドラーはフロイト、ユングとともに「心理学の三大巨頭」の一人と称されています。

これまでに少しふれている点もありますが、アドラー心理学の特徴は大きく次のようにまとめられます。

①自己決定性――自分を主人公にする
人間は、環境や過去の出来事の犠牲者ではなく、自ら運命を創造する力がある。

②目的論――人間の行動には目的がある
過去の原因ではなく、未来の目標を見すえている人間の行動には、その人特有の意思を伴う目的がある。

③全体論――人は心も体もたった一つ
人は心の中が矛盾対立する生き物ではなく、一人ひとりかけがえのない、分割不能な存在である。

④認知論――誰もが自分だけの「メガネ」を通して物事を見ている

人間は、自分流の主観的な意味づけを通して物事を把握する。

⑤対人関係論――すべての行動には相手役がいる

人間のあらゆる行動は、相手役が存在する対人関係である。

アドラー心理学ではこれらの理論をもとにして、人生で出会うさまざまな対人関係上の困難を克服する活力を与える、「勇気づけ」をおもな手法としています。

2章

「どこに向かっているか」わかる人は輝いている

——人が3カ月で変わるターニングポイント

ここからは実践編として、あなたのリソース（魅力）を引き出し、自信を持ってより前向きな人生を送るコツについてお話ししていきましょう。

1章でふれた3つのポイント（21ページ参照）のうち、この章ではおもに、

①「過去に原因を求める生き方」から抜け出して、「未来志向で新しい人生を切り開く生き方」にシフトする

ための「考え方」と「メソッド」について、ご紹介します。

I あなたの中にこんなに「魅力」が埋もれている

自分らしく魅力的に輝いて生きていく人は、未来を明るく見ています。

ところが、いつまでも過去にとらわれて未来に目を向けられないという、〝負のサイクル〟に陥っている人も見かけます。


今、起きていることについて過去に原因を求めれば、「なぜそうなったのか」を鮮やかに説明できますが、「どうすれば現状を変えられるのか、新しいことをはじめられるのか」という解決にはつながりません。

自分のリソース（魅力）を掘り起こして、もっと未来を明るく照らすためには、どうしたらいいのでしょうか。

1 「過去の出来事」にとらわれていると……

「今の自分がこうなのは、過去にあんなことがあったからだ……」と思ったところで、どうなるでしょうか。ポジティブに生きていると言えるでしょうか。

もちろん、**アドラー心理学では、過去に原因を求めるのではなく、目標に向かって前向きな方法を自分で選択する、建設的な考え方、生き方をすすめています。**

ただし、勘違いをしていただきたくないのは、アドラー心理学は過去の原因を全否定しているわけではありません。その人の人格や生き方に影響するものとして、何らかの「原因」があることを認めています。

たとえば、家族環境の中での何人きょうだいの何番目に生まれたかといった「誕生順位」や、リウマチの気質といった「遺伝的要因」、視力に障害があるといった「身体的要因」などについてです。

しかし、環境要因や遺伝的要因などがすべてを決めるのではなく、それらをどのように受け止め、どう活かすかという本人による自己決定が重要だと考えます。

ところが、多くの心理学のカウンセリングでは、自分の過去の出来事に原因を求め、その原因と考えられるものを排除することで、現状の改善を図ろうとする傾向にあります。

しかし、「過去の出来事」とは、いったいどういうものでしょう。「過去の出来事」＝「事実」だと思っていませんか?

たとえば、あなたが「過去に母にひどいことを言われたことが、心の傷になっている」と思っているとします。

しかし、「ひどいことを言った」とされている母親は、「あの子のためにアドバイスをした」と思っているかもしれません。また、あなたと一緒に同じことを言われた兄は、「母さんに言われたあの言葉は、心にしみたなぁ」と感謝しているかもしれません。

このように、**過去の出来事は、誰が、どの角度から、どのような思考で振り返るかによって、まったく違うものになる**のです。

つまり、「過去の出来事」＝「事実」とは決めつけられない、ということ。

アドラー心理学では、人は事実を見て、自分流のフィルターをかけ、勝手に編集して、自分の物語をつくる――と考えます。

どんな人も主観的に事実を見る、ととらえるのです。

同じ言葉に「傷つく人」と「感謝する人」がいる

2 そのトラウマはつくられたものにすぎない!?

ここで私の例をあげながら、具体的にお話ししていきましょう。

以前、催眠誘導による「前世療法」というものを受けたことがあります。催眠状態に入れることで前世の記憶をよみがえらせる、というものでした。

それによると、私は、「過去世《かこせ》」においてお坊さんだったそうです。そして、ある教団に所属していたのですが、修行がつらかったのか、教義が自分の考えと違ったからか、何らかの理由でそこから逃れたといいます。

そうしたら、教団の他のお坊さんが「裏切り者め!」と言って、追ってきた。

法螺貝《ほら》をボァーっと鳴らして、大集団がヒタヒタと迫ってきて、非常に恐ろしい思いをした、という話でした。

そんな話を、催眠誘導によって私自身が勝手にしゃべっているのです。それで、「自分の前世はお坊さんで、ある教団から逃れたんだ」と、思っていました。

その後のある日、実家に帰ったとき、兄にそのことを話したのです。すると、「何を言ってるのだ、お前は」と笑われた。

昔、私の家にはお手伝いさんがいて、そのお手伝いさんがよく私をおどかしていたそうです。

実家は栃木県ですが、近くに日光連山があり、そこには多くの山伏《やまぶし》がいて修行をしていました。そして、たまにその山伏たちが法螺貝をボァーっと鳴らしながら町を練り歩いたのです。

すると、その音が聞こえるとお手伝いさんが私に、「悪さをしていると、さらわれるよ!」とおどかしていたのです。

私は、さらわれるのがイヤだから、家の一番奥の部屋の押入れに入って、その音が聞こえなくなるまで、じっとしていたことを思い出しました。

この私のケースからわかるように、**過去の出来事は、自分が事実だと思っていても、自分自身がつくった物語**ということがあり得る。本当に過去にそんな事実があったかどうかも、わかりません。

それは、前世の出来事だけではなく、今世の過去の出来事を語る場合も同じです。そして、その物語は自分がプロデュースしているわけですから、どれも同じようなシナリオになりがちです。

物語というものは、たいがい再現性が高いものです。

たとえば『浦島太郎』の話を、これまでに何十回と聞いているかと思いますが、話の流れはいつ聞いても同じですよね。

そうやって何度も同じ話をしていくと、中には「この話はもういいや」と飽きる人もいますが、ある人は飽きずにどんどん話を装飾していくわけです。そして語り続ける。

そんなことが本当にあったかどうかもわからない中で、何度も何度も語るため、話が脚色されどんどんふくらみます。

これと同様に、人は事実を自分流に編集して、オリジナルの物語をつくるため、**自分のトラウマの物語も親から言われたことも、実際にあった出来事とは違っている可能性がある**のです。

今の心理学の主流は、「過去は変えられない。他人も変えられない。だから自分が変わろう。そうすれば未来が変わる」という考え方となっています。

しかし、過去というのは自分の記憶のストーリーです。

話にエンターテイメント性を持たせたり、「このほうが面白いだろう」という創作のエピソードなどをつけ足したりして、自分の過去を自分のために語り続けてしまうことがあります。

つまり、出来事の一つに、自分の好きなパターンの色のフィルターをかけて脚色し、過去を今の自分に結びつけられるようなストーリーにつくり上げていくのです。

「素敵な私」のストーリーをつくればもっと輝ける

3 経験のどこに〝スポットライト〟を当てる？

過去を掘って、掘って……と繰り返しても、そこに答えはありません。ただ、本人も忘れていたようなイヤな記憶を呼び覚まして、解決しない問題を増やしていくことが多いでしょう。

たしかに、「過去に原因を求める生き方」は、現状の説明には、もっともらしくはあるのです。「昔、こういうことがあったから、今こうなっているんだ」という説明がつくと、一瞬「そうなのか」と納得してしまいます。

ただし、それは現状の解説になっていても、解決にはならない。ちょっとした

「うれしいこと」「楽しいこと」の中に、
一番力を発揮できるところがある

言い訳になるだけであって、明日からの自分が魅力的に変わるかといったら、変わりません。

原因を求めることで一時的な満足が得られますが、根本的に変化はしていないのです。「だからこうなった」という考え方は、自分をだましていることにほかなりません。

「今の自分があるのは過去に原因がある」という考え方を、心理学では「原因論」といいます。

アドラーも、過去の出来事は今のその人に何らかの影響を与えていることは認めています。

しかし、大事なことは、その上で、自分の生き方を決定する「自己決定性」だとみています。


たとえば、姉妹二人が親から、「あんたは器量が悪いし、何をやるにも不器用で、どうしようもないわね」と、それぞれ言われたことがあるとしましょう。

そのときに、一人は真に受けて「私は器量が悪くて、何をやるにも不器用でどうしようもないんだ」と思い、もう一人は「何言ってるのよ。そんなことないわよ」と信じない、ということもあるわけです。


これは、「私はこう受け止めた」という意思をともなう自己決定の違いです。

過去の出来事のどこにスポットライトを当てるか、どんな過去を選ぶか、どんな未来をつくっていくか、それはすべて自分の意思。自己決定なのです。

誰でも過去に多くの経験を積み重ねています。悲しかったこともあれば、楽しかったこともある。そして、悲しかったりつらかったりしたネガティブな経験でも、プラスになる部分はあるはずです。

だから、どんな経験を選び、それをどう解釈するか。それを決めるのは自分自身であり、その決定によって未来はまったく違うものになっていくのです。

「いい記憶」をどんどん呼び覚ましてみよう

4

今、かけている「色メガネ」を外してみる

未来のために、今どういう自己決定をするか——。

そのとき、自分に何かしらのマイナスイメージを持っていると、せっかくの自分の魅力やプラス面を活かせないままに、結論を出してしまうことがあります。

ちょっと専門的になりますが大事なことなので、ここで、そうしたマイナスイメージを生み出してしまう「劣等性」「劣等感」「劣等コンプレックス」についてふれておきましょう。

まず劣等性と劣等感の違いですが、**劣等性は身体面・心理面での客観的事実**をいうのに対して、**劣等感は「劣等だ」と感じる主観的意見のこと**をいいます。

たとえば、はたから見たら十分に魅力的なのに、「私は美人じゃないから」「オレは足が短くてカッコ悪い」という思い込みが劣等感です。

そして、**劣等コンプレックスというのは、異常なまでの劣等感**のことで、アドラーに言わせると「ほとんど病気」という状態です。

すごく頑張って、周囲が評価してくれているにもかかわらず、自分で自分を受け入れられない、いわゆる「自己評価の低い人」というのは、過去の出来事に原因を見つけて、それを劣等感としてとらえているのです。

たとえば、子どものころ、「あなたの目は小さくてかわいいね」と言われたとします。

そこで、「小さい目はかわいいんだ。目は私のチャームポイントだ」ととらえることもできますが、それを「私は目が小さいから美人じゃないんだ」と劣等感としてとらえてしまうのです。

アドラー心理学は、「人はありのままの出来事を客観的に把握することは、不可能だ」という立場を取っており、この劣等感の例は前述した、人は事実を自分流に解釈して、脚色するという話に通じます。

こうした自分やまわりの人や環境に対する、その人特有の見方や考え方、価値観のことを「私的論理（プライベート・ロジック）」と呼びます。

言わば、「色メガネ」みたいなものですね。これは誰もが持っています。そして、それを通して見るために、経験した出来事を、ネガティブにもポジティブにも受け取るのです。

この**「色メガネ」によって自分や周囲の人や環境について非建設的にとらえる、自滅的な認識のことを「基本的な誤り（ベイシック・ミステイク）」**と言います。

その代表的なものが、①「決めつけ」、②「誇張」、③「見落とし」、④「過度の一般化」、⑤「誤った価値観」の5つです。

①**「決めつけ」**は、可能性にしかすぎないものを断定してしまうこと。たとえば、何の根拠もないのに、「私は役に立たない人間だ」とか、「あの人は私のことが嫌いなんだ」と思い込むことです。

②**「誇張」**は、〝1〟のことを〝10〟のように大げさにとらえることです。一人の友だちと仲たがいしただけで、「クラスのみんなが自分を嫌っている」ととらえるようなことを指します。こういう人は、「いつも」「みんなが」「すべて」といった言葉をよく使う傾向にあります。

③**「見落とし」**は、ある部分だけを見て、他の大事な側面を見ないことです。仲たがいした友だちのことだけを考えてしまい、他に仲よくしてくれている友だちのことに目が行き届かないような状況です。

④**「過度の一般化」**は、たった一度のミスで、「自分はダメな人間だ」と自分を全否定してしまうように、一つの出来事をあたかもすべての問題にしてしまうことです。

そして、⑤**「誤った価値観」**というのは、自滅的で破壊的な価値観で物事をとらえてしまうこと。

「こんな自分はいないほうがマシだ」と、最悪の場合は自分で自分の身を滅ぼすようなことを起こしてしまうこともあります。

この5つは、誰もが経験したことのある感情です。

つまり、「過去の出来事が今の自分をつくってしまった」と否定的に物事をとらえる人は、どんどんネガティブな方向へ、坂道を転がる石のように、悪い方向へ向かってしまいがちなのです。

でも、それでは人生、楽しくありませんよね？

だから、後ろ向きな生き方は捨て、前向きに未来に向かって生きていくほうがいいのです。

そのためにこの本では、さまざまなヒントとメソッドを紹介していきます。

その劣等感は「悪いところ」なのか

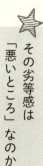

5

〝別人〟のように自信がわいてくる「ターニングポイント」

もっと自分の魅力を活かして、自信を持って前向きに生きていこう！　そう決めたとき、大事なことがあります。

それは、どこかで状況を選び直す必要があるということ。

たとえば、自分を見ていてくれる誰かがいると強く信じる、その人たちは自分をサポートしてくれているなど、今まで気づいていなかったものに目を向けると、さまざまに応援されている自分がいることに気づいてきます。

そうすることで、方向性は大きく変わります。これが、**過去の自分と決別した、**

未来の自分への道筋となるのです。

これまでがどうであれ、生き方は確実に変えられます。

ただし、生き方が自然に変わることはありません。

日常生活の中で変わっていくには、「ターニングポイント」が必要になります。

たとえば、教育。専門家の指導のもとでセラピーなどを継続的に受け続けていると、変わり得ます。

また、自覚的な努力。自分をセルフモニターしながら、ある瞬間にある発想をしそうなとき、ある感情を起こしそうなとき、ある行動を起こしそうなときなどに、「ちょっと待てよ」と自分を見つめて、それまでとは違う行動を積み重ねていくことで変わります。

たとえば、今までガブガブお酒を飲んでいた人が、意識して飲む量を少なくする。「ああ、ここでやめておこう」とするならば、行動が変わり、思考も変わります。

そういう自覚的な努力を抜きにしては、本当の意味では変わり得ないのです。

逆を言えば、そういう自覚的な努力を、家庭においても、職場においても、さまざまなところでやればやるほど、その人は早く変わります。

私のセミナーにいらっしゃる方を見ていると、3カ月で驚くほど変わる人が出現します。

その人本来の「魅力」が出てきて、〝別人〟のようになっていくのです。

「ちょっと待てよ」……この思いがあれば大丈夫

6 「変わりたいのに変われない」本当の理由

私たちは、いつでも魅力的な「新しい自分」に変わりはじめることができるのに、なぜ多くの人は「変わりたい」と思っていながら、なかなか変わることができないのでしょうか。

事例をあげながら、その理由について探っていきましょう。

事例1 「同病相あわれむ」で快適に

私の講座に来ている方で、以前、ある種のカウンセリングに10年間通い続けていた人がいました。毎月何万円も払っていたそうです。

それは、いわゆる「アダルトチルドレン」のカウンセリングで、セミナーもあったようです。そこでその人はずっと学習を続けました。10年間ですから、ベテランです。

ところが、彼はあることに気がついたそうです。それは、通ってくる人の顔ぶれが変わらないこと。

新しい人も来るけれど、古くからいる人が減らないのです。つまり、誰も自分が抱えている問題から抜けられていないということです。

それでも、彼を含め、みなさん通い続ける。それは、そこにいることが快適になっているからなのです。

「同病相あわれむ」という言葉がありますが、「あなたもそうだったの?」「僕もそうだった」でかばい、かばわれて、すごく快適になってしまっているのです。

しかし、本来の目的である問題解決は一切なされていない。

その人は、10年間通って、ようやく「何かおかしいぞ」と気づいたのです。そこをやめて私の講座に通いはじめ、過去のとらわれから解放されて、未来を向いていく自分に変わることができました。

事例2 カウンセリングでさらにこじれた親子関係

次に別の人のケースです。

その男性は親との関係に悩んでいました。それで、ある有名なカウンセラーのところへ通っていたそうです。

ところが、カウンセリングを受け続けているうちに、さらに親との関係が悪くなった。彼の中では、ますます親が悪者になっていったのです。

彼が私のところにいらしたときに、「今もあなたの親は、あなたに虐待《ぎゃくたい》まがいのことをするんですか?」と聞きました。すると、「ないです」と言います。

しかし、そのあとに、「でも、過去にはこういうことをしました」と続けるのです。再度、「過去の話ではなく、今はどうですか?」と聞くと、「昔と同じです」と答えます。

つまり、彼は最近の親を受け入れていないのです。今、自分の目の前にいる年老いた親は、ずっと過去に自分に虐待まがいのことをした血気盛んな親のままなのです。

これでは関係がよくなるはずはありません。

彼は、そのカウンセラーのところに十数年通い、「やっぱり自分は、気の毒な子どもだったんだ」という確信を深めました。そして、自分のような人を救いたいと、勉強をしてカウンセラーになりました。

しかし、自分自身が親との関係を変えられないまま、同じような悩みを抱える人に自分が受けたカウンセリングと同じことをやるということは、ただ単に〝被害者同盟〟の仲間を増やしているにすぎないのです。

彼の行為は善意です。ただ、根本的な立ち位置が間違っているとしか思えません。

このケースのように、**過去に原因を求める生き方にどっぷりと浸かっていると、そのことに気がつかないため、いつまでも過去にとらわれ続けてしまう**のです。

誰かの役に立とうとカウンセラーになったというのは、ある意味、未来に向かう前向きな自己決定ではありますが、使っている手法が過去にとらわれているのです。

たくさん勉強をして、いかに自分が気の毒な存在であったかを理論で武装をしても、自分自身が変われていないのですから、残念ながらうまくいくはずがありません。

やはり「過去に原因を求める生き方」を抜け出さなければ、本当の意味で新しい自分をつくっていくことはできないのです。

「居心地のいいところ」は疑ってみる

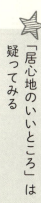

7 過去から抜け出すだけで何が起こるか

いつまでも「過去」にとらわれ続けてしまうのか、あるいは、**より自分らしい人生を送るために、そこから抜け出し「未来」に目を向ける**のか。

ここで、ちょっと私の例をご参考にお話ししましょう。

子どものころの私は、発達障害の一つのＡＤＨＤ（注意欠陥・多動性障害）だったと思っています。もし今の専門家の診断を受けることになったら、きっとそう判断されることでしょう。私自身が心理カウンセラーとして、子ども時代の自分を見てもそうだと思います。

これは俗説かもしれませんが、母親が妊娠中に飲酒行動、喫煙行動をとっていた場合は、子どもがADHDになる確率が高いといわれています。

つまり、私がADHDだったのは、母親の喫煙行動、飲酒行動が原因の可能性があるということです。

では、私がその可能性に支配されたのかというと、決してそうではありません。

当時の私は、もちろん自分にそのような障害があるとは思ってもいませんでしたが、中学生になって部活動で野球に打ち込み、そこで運動能力を十分に使いました。さらに、読書に夢中になり、思考力を身につけました。

しかし、これは母親の影響ではありません。運動も読書も自分で決めたことなのです。結果的に、私は自分の努力によって、ADHDから引き起こされる障害をある程度克服することができたと思っています。

つまり、私は過去に影響され続けてADHDのまま生きるのではなく、自分自身の意思によって、変わることができたのです。

そうはいっても、今でも多少ＡＤＨＤの〝残り香的なもの〟を感じることがあります。

たとえば、目がキョロキョロ動いたり、不必要なボディランゲージをしたりといったことです。

それでも、自分の選択によって、かつてあった素質がだんだんと弱まり、自分自身で後天的に獲得したものがウエイトを占めていったのです。

もし私が、ＡＤＨＤをつくり出す要因をつくった母にフォーカスしすぎると、私は母を恨み、過去の原因を恨んでいたはずです。「自分がこうなったのは、母親のせいだ」となっていたかもしれません。

また、「当時に症状があったにもかかわらず、医者にも相談せずに放置していた親が悪い」とか。それは母だけでなく、父もそうです。

過去に原因を求めて考えると、こうなるのです。そして恨むわけです。

母を、両親を恨みながらの人生を続けるのです。

「自分がこうなのは、自分のせいじゃないんだ。妊娠中にタバコを吸い、酒を飲んだ悪い母親のせいなんだ」となって、死んだ母親を恨んで、そして不幸な人生の航路を決めてしまうでしょう。

それは、自分の人生を放棄しているも同然だと思います。

私は、自分の意思でそんな人生を選びませんでした。

今の自分をつくっているのは、すべてが過去のマイナスの原因によるものではないのです。

過去の原因について、マイナス面の話をしましたが、プラス面もあります。

私の場合は、まず、父親が本当に私に理解を示し、愛してくれました。当時は障害だと思っていなかったでしょうが、私の何か人と違う部分をプラスに扱ってくれたのです。

また、母親はずっと酒を飲み、タバコを吸う人でしたが、そのために近所の人が集まってきて、よく酒盛りをやっていました。末っ子の私はみなに「トシちゃん」と呼ばれてかわいがられたり、踊りのお師匠さんが来ると、一緒になって踊ったり……。

おかげで私は、そこでコミュニケーションを学ぶことができました。そういう母親であったことが、私の対人関係を豊かにしてくれたのです。

ですから、酒を飲み、タバコを吸う母親が、私に対してマイナスの影響をずっと与えていたわけではなくて、プラスにもなったわけです。

マイナス面をとるかプラス面をとるか、それは自分の認識にかかっている。認識にもとづく自己決定なのです。

私は生まれ変わっても、あの両親のあの家で生まれたいと思っています。あんなにいい環境はない。そう思えるのは、自分に対してプラスの影響を与えたと、私が認識しているからです。

しかしこの認識は、現在から見た「過去に対するビジョン」です。それは、「現在がこうだ」と過去からそれに合う要因を引き出すわけです。

「今、不幸でいたい人」は、過去から不幸な要因を引き出します。

私は今もこれからも幸福でいたいので、過去のマイナス面を重視しません。母親が酒を飲んでいようがかまわないから、あの家に生まれ直したいと思っている。現在の自分が過去を変えたのです。

過去に起きた事実を書き換えることはできません。しかし、それをどう認識するか、どう受け止めるかは現在の自分が自由に決められるわけです。

つまり、さまざまな要因の中のどれを取り出すかは自分しだいなのであって、人は自分の過去を選び直すことができます。

ですから、過去にとらわれ続ける必要はまったくないのです。

もし、生まれ変わるとしたら どうしますか？

Ⅱ ぶれない人は、いつも「未来」に目を向ける

いつまでも過去にとらわれ続けることが、いかにネガティブな人生をつくることになってしまうか、おわかりいただけたと思います。

ここからは、「過去に原因を求める生き方」を抜け出して、「未来志向で新しい人生を切り開く生き方」をするためのヒントをご紹介していきましょう。

未来に目を向ければ向けるほど、これまでわからなかった自分のリソース（魅力）に気づけたり、新しいリソースが増えたりします。

前向きな変化を楽しみにしながら、読み進めてみてください。

1 朝起きたとき、「今日は昨日と違う日だ」と考える

アドラー心理学では、「人間の行動には、その人特有の意思をともなう目的がある」と考えます。

つまり、人の行動にはすべて、〝意思〟と〝目的〟がある、と考えるのです。

私たちは、「こうなりたい」という意思を持って、過去にとらわれるのではなく、**未来の目的を大事にして生きるほうが、もっと自分らしく、幸せになっていける**のです。

「未来の目的」を大事にすると、どんなに「いいこと」が起こるのか。

メリットについてふれていきましょう。

①「創造可能」な未来を手に入れられる

先にお話ししたように、過去のとらえ方は変えられますが、過去に起きてしまったこと自体は変えられません。

ですが、これから先のことは、「これはやめて、こっちにしよう」と、自由に選んでいくことができます。さらに、「こういう未来にしたい」と、自分が望むイメージにすることもできます。

②自分が「主人公」になれる

たとえば、過去に誰かにひどい目にあわされたとか、誰かの手助けを得て成功できたとか、自分以外の人の影響を受けたとします。

しかし、未来は自分が主体となってつくり得るのです。

あくまでも主人公は自分として創造できます。「あの人に頼めば」ではなく、

「私にできることは何だろうか」という発想で、新たにつくっていくことができるのです。

③確実に自分に「勇気を与える」ことができる

すでに起きてしまったことをあれこれ考えても、何も生まれませんが、未来に向かって日々取り組めた自分からは勇気を得られます。

「今日はこんなことができた」「あんなこともできた」「こんなことにも取り組めた」というように、日々、瞬間瞬間に、自分を勇気づける素材が、未来志向の中にはあるのです。

アドラーは、人間は根本的に成長する生き物だと見ていました。

未来に向かって生きるということは、成長できる自分を日々〝祝福する〟ことが可能なのです。これがアドラー心理学の特徴である「勇気づけ」ということです。

「未来の目的」を大事にして生きるということは、過去と決別して、自分の手で未来を創造できるということです。

ノーマン・ヴィンセント・ピールという、アメリカの牧師さんがよくしていた話なのですが、あるおじさんがテレビに出ると、誰もが元気に明るくなったそうです。

それで、ある人が、そのおじさんに聞きました。「あなたがテレビに出ると、みんな勇気をもらえる。なぜあなたはそんなに明るく、元気なんですか？」と。

すると、おじさんは、こう答えたそうです。

「私は朝起きたとき、今日一日を元気に生きようと決心します。そしてその通りやるんです。ところが多くの人は、目が覚めたときに、今日も同じような日だと、惰性的に考える。そうすると、そんな人生になってしまうのです」

どう生きるかは自分しだい。日々、瞬間瞬間の選択で、未来も人生も変えられるのです。

何か特別なことが必要だったり、おおげさなことをしなければならない、ということはありません。今ここで、自分で決めるだけでいいのです。

たとえば、「今日はお酒を飲むのは控えよう」と決めるか、「まぁ、いいや。飲んじゃおう」と決めるかは自分。

自分が人生の主人公なのですから、自由に決めることができるのです。

そして、その瞬間の自己決定は、今だけでなく、その先々を見越して決めることが大事です。

「遠い未来にジャンプをしよう」ではなくて、「今、ここでできることは何か」。

それを考えたときに、方向性が生まれます。今と未来をつなぐ道筋が見えてくるのです。

何をするにも「ちょっと先のこと」を考えてみて

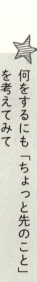

2

アドラーがすすめる「ポジティブな人生」とは

ふだんはあまり意識していないかもしれませんが、私たちは、「自分はこうありたい」という理想像を持っているのではないでしょうか。

それは、「この学校に入りたい」「もっといい家に住みたい」「お金持ちになりたい」といったことではなく、「自分の人生をどう生きたいのか」ということです。

過去よりも未来を重視するアドラー心理学では、人間は自分では気づかなくても、仮に想定した未来に向かって近づこうと努力している、と考えます。

そして、誰もがみな、この世に生まれてきた意義ともいえる、自分だけの「究極目標」を持っているととらえます。

この究極目標はおもに、「優越」「所属」「安楽」「支配」の4つに分けられます。

・「優越」とは、自分の理想や目標に近づこうと努力していくこと
・「所属」とは、自分の居場所の確かさを求め、周囲と折り合いをつけたいこと
・「安楽」とは、保護され安全を守られ、ラクをしていたいこと
・「支配」とは、周囲の人たちを思い通りコントロールしたいこと

そして、これらの究極目標に近づくための手だてとして、「長期」「中期」「短期」の目標があり、当面の目標になるほど手段レベルに下がります。

目標というのは標《しるし》です。到達点の〝標〟と、長期の〝標〟と、中期の〝標〟と短期の〝標〟、これが一本の流れになっています。〝標〟はすべて究極目標とつながっているのです。

先にあげた「この学校に入りたい」「もっといい家に住みたい」「お金持ちになりたい」ということは、短期の目標、または中期、長期の目標にすぎません。それらは、究極目標に到達するための〝標〟なのです。

「あなたの人生には、隠された本当の目標が常に存在している」

と、アドラー心理学ではみなします。

そして、究極目標地点に存在するはずの、魅力にあふれた「未来の自分」になるためには、今、何をするべきかを考えて行動すること。

それが、アドラーがすすめる、前向きに未来に向かう生き方なのです。

自分の中にある「隠された本当の目標」を探す

3 目の前のことに追われていると……

究極目標は、自分がこの世に生まれた意義、存在理由とも言えるものですから、**その目標の達成を目指す人生は、私たち本来の魅力を最大限に活かす生き方**と言えるでしょう。

ただ、究極目標と言っても、社会的に何かをなす、という大きなものである必要はありません。

たとえば、「最高のパフォーマンスを発揮したい」「極力安全を心がけ、安心していたい」などといったことが、究極目標になることもあるでしょう。中には、気楽に楽しく日々を過ごすことができたらそれでいい、というような「安楽」を究極目標に掲げている人もいます。

しかし、おかしなことに、「安楽」が究極目標になっている頑張り屋さんがいます。

究極は安楽になりたい、しかし、このままでは安楽になれないから、今頑張っておこう——という、一見矛盾した人がいるのです。

これはただ単に、当面の目標に向かっているだけでは不適切な行動が出てしまう場合がある、ということを示しています。

自分の人生をかけた目標だと思っていたことが、アドラー心理学で言うところの短期目標や中期目標のようなものにすぎないことがあるのです。

たとえば、「1年間で何百万円貯める」とか、「この資格試験に合格する」とか、そういうことが人生の目標だと思っていたかもしれませんが、実はそれは究極目

自分の中に隠されている「本当の目標」を探り当てる

標に向かうための途中の目標にすぎない。

あなたは短期目標や中期目標を達成することによって、究極的にはどのような人生を送りたいと思っていますか？　もしかすると、今はまだ気づいていないかもしれませんが、それがあなたの究極目標なのです。

重視すべきは、目の前にある目標ではないのです。

短期目標や中期目標などは柔軟に変更していいものですし、別のルートから行ってもいいわけです。それだけが絶対ではないので、A案・B案があっていいし、A案が失敗したらB案をやってもいい。

変わらないのは、その後ろに一貫して脈々と流れている、あなたがどんなふうに生きたいのかということ。どんな人生を歩いていこうとしているかということ。

それこそが、究極目標です。

一番求めるものは何ですか？

4

夢に向かうとき、〝マックスのパワー〟が生まれる

自分の魅力を最大限に活かすことができる究極目標とは、具体的にどのようなものなのでしょうか?

この点について、**どんな仕事にあこがれるか、その後、実際にどんな仕事を選ぶのか、という点から見ると、面白いことがわかります。**

私の場合、長嶋茂雄選手にあこがれて野球をはじめ、小学校5、6年生のころはプロ野球選手になりたいと思っていました。

長嶋選手のデビューは衝撃的でした。その後の活躍もパフォーマンスもすごか

った。

その姿に私はあこがれていたのですが、あるとき、自分はプロ野球選手になって目立ちたいのではなく、「自分の持っている可能性を広げて、能力を最大限発揮したい」という願いを持っていることに気づいたのです。

そして、大人になってビジネスマンになり、新卒で入社した会社では、総合企画室という、まさに黒子と言える裏方の部署に配属されました。そこで私は、黒子でありながら、自分の能力を最大限に発揮しようとしました。

つまり、大人になっても子どものころと同じ願いを持ち続け、それを実現させていたのです。目立つ目立たないに関係なく、「自分の願い」をずっと大事にしてきたわけです。

そして、その後、「自分だけでなく、人々の持っている可能性を広げたい」という思いからアドラー心理学を学び、それを多くの人に伝えるための会社を設立しました。

「あなたには未開発のすばらしい能力、魅力があるのですよ」というふうに、自分だけでなく、他者の可能性をも広げることをライフワークにしているのです。

では、自分の能力を最大限に発揮することが、私の究極目標そのものかというと、実は違います。

引き続き、先ほどの私の話で説明すると、私は長嶋選手にあこがれて、背番号3をつけ、少年野球チームで三塁を守り、4番打者でした。そして中学校では、ポジションは外野でしたが、2年生のころからチーム・ナンバーワンの打率を誇り、4番打者になりました。

そういう点で言うと、私は自分の能力を最大限発揮しようとして、それを実現していたわけです。

社会に出て、外資系企業の総合企画室に配属され、そこの課長になったときも、黒子として能力を最大限発揮することは成功していたのだと思います。そして、自分の会社をつくった。

ですから、一貫した流れがあるのです。形は変えても、**「あこがれ」に向かう人生のベクトルのようなものがあり**、私の場合は、自分の理想や目標に近づこうと努力していくという「優越」（77ページ参照）に向かうものであったわけです。この「優越」が私の究極目標です。そのために、「自分の置かれたポジションで最大限、自分の能力を発揮したい」ということです。

つまり、プロ野球選手になりたいとか、総合企画室の課長として活躍したいというのは、究極目標を実現するための手段の選択にすぎないのです。

「何に、誰にあこがれていたか」を思い起こしてみる

5 自分を最高に活かせそうなところ——それが「魅力」の中心地

究極目標というのは、どこに向かって？　どこに向かって？　どこに向かって？　というふうに、自分自身にどんどん質問をして、行きついた最後の目標です。だから「究極」なのです。

しかし、当面の目標もあるでしょう。

私の場合であれば、究極目標の「優越」を実現するために、時に「完全を目指したい」という〝完璧〟であろうとします。

時には「面白くありたい」という〝興奮〟を求めますし、時に「協力して進めたい」という仲間との〝所属〟を求めることがあります。

これらは究極目標に対する手段であり、言い方を変えれば、短期目標、あるいは中期目標であって、究極目標に変わり得るものではないのです。

私たち一人ひとりが持つ究極目標は、たった一つ。その究極目標に向かうことが、自分の魅力を最大限に活かす「本物の人生」なのです。

人は、いろいろなものに枝分かれしている手段を、自分の人生の究極目標の一つと思い違いをしてしまうことがあります。

たとえば、野球部に入ってエースになる、というものは、単純に手段であり、短期目標にすぎません。

「じゃ、エースになってどうしたいの?」「どうなりたいの?」「何のためにエースになりたいの?」と聞いていくと、だんだんその人の究極目標が見えてきます。

そういう点で言うと、私の人生の究極目標は、プロ野球選手になれなかったからといって、そこで終わりではないのです。

ここである男性のケースをご紹介しましょう。

彼は小さいころに、看護師になりたいという夢を持っていました。彼は、子どものころに体が弱くて入院をしていたそうです。そこでふれた看護師という職業にあこがれを抱いて、「将来、自分も患者さんを助けたい」と思ったそうです。

しかし、大人になって、彼は海上保安庁に勤めました。

なぜ海上保安庁なのか。看護師だったのではないのか。

実は彼は同じ目標に向かっていたのです。それは、「人を救いたい」ということ。

彼は、『海猿《うみざる》』という映画を観て、「あぁ、俺はこれだったんだ！　看護師じゃなかったんだ！」と気がついたそうです。そして、本当に救難隊員になったわけです。

つまり、子どものころなりたかったものは、実は形を変えて実現するものなのです。

小さいころは患者さんを救いたいから看護師になりたかった。やがて成長して、海難事故に遭っている人を救いたいから、海上保安庁の特殊救難隊員になった。

つまりどちらも、彼の目標である「人を救いたい」に向かう手段としての職業なのです。

このように手段は変更可能です。**自分の「魅力」の一つである特性に合った手段を選び直しながら、究極目標に向かっていけばいい**のです。

その「やりたいこと」は何のため？

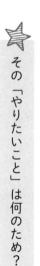

6 一人の魅力がまわりも「ハッピー」にする

自分の魅力を最大限に活かす究極目標に向かう生き方は、個人一人一人が幸せになるということだけではありません。もっと大事なゴールがあります。

それが「共同体感覚」です。

共同体というのは、恋人、家族といった、親密で水入らずの信頼できる人の集合体、共同体のことを言います。

アドラー心理学では、この共同体感覚の価値観を大切にします。

そして、共同体感覚というのは、共同体への所属感・信頼感・貢献感などを総称したもので、カウンセリングや教育の目標とされ、精神的な健康のバロメーターとみなされます。

一方、自分の居場所がなく、自分のことしか考えず、周囲の人たちを信頼せず、他者の役に立とうなどと毛頭考えない人は、精神的に不健康な可能性が高いと言えます。

アドラー心理学で言うところの「本当に変わる」というのは、その共同体にとって自分がどうあるか、というところまで変わること。つまり、自分の幸せだけではなく、自分を取り巻く人や環境にとっても幸せな方向に変わるということです。

では、どう変わるのが理想かというと、1つ目は、**「所属感」**。自分の居場所がしっかりするように変わる。

2つ目は、**「信頼感」**。周囲の人と信頼し合える関係をつくれるようになる。

3つ目は、**「貢献感」**。周囲の人に役立つ存在として変わる。

ただし、この3つは完璧なものではありません。あくまで理想です。自分の不完全さを受け入れながら――別な言い方をすると「自己受容」しながら――向かうべき方向性です。

ですから、アドラー心理学で言うところの「変わる」というのは、きちんとしたゴールがあるのです。

自分だけハッピーになりました、はい終わり、ではない。あなたが自分の魅力を活かすことで、まわりにもいい影響を及ぼし、自分一人だけでなく周囲とともに、よりハッピーになっていきます。

「本当に変わる」ということは、所属感、信頼感、貢献感が今までと違ってくるようになることなのです。

そうなったときのあなたは、**自然に自分に自信を持つことができ、周囲からも必要とされ、さらに信頼される存在になっている**ことでしょう。

どんなとき、どんなところで役に立っていますか？

3章

あなたの中の「オリジナリティ」の見つけ方

——「人と違うところ」に大切なものがある

ここからは、一人ひとりが自分のリソース（魅力）を最大限に発揮して自信を持てるように、アドラー心理学をベースにした「自分起こし」を紹介していきます。この3章では、「自分起こし」のうちベースとなるトレーニング法を、次の4章では、一歩進んだセルフトレーニングの方法について、それぞれお話ししましょう。

これらは、1章でふれた3つのポイント（21ページ参照）のうち、

②自分が本当に目指す「目標」を知り、そこに向かって歩いていける「方法」を身につける

ためのトレーニングです。

この「自分起こし」は、リソースに気づき人生の本当の目標を自覚できるようになるため、将来の「なりたい自分」が見えるようになります。

そして、そのために今、本当にやるべきことが何かがわかるのです。

1 眠っていた力を引き出す「自分起こし」のトレーニング

「自分起こし」をするために、**まず最も大事なことは、「変わる！」という強い意思を持つこと**です。

そんなこと？　と思われるかもしれませんが、人の思いのパワーは、私たちが考えている以上のものがあります。

いつまでも過去にとらわれてしまう生き方の不毛さは、これまでの話から、ご理解いただけているかと思います。

ですが、頭でわかっただけでは、本当に変わることはできません。

未来に目を向けた前向きに生きる自分に変わるためには、「ニーズ」「スキル」「勇気」がポイントになります。

「ニーズ」とは、変わる必要性があることに気づくことです。

「スキル」は、変わるための方法を身につけること。

そして**「勇気」**は、〝未来の快〟のために、〝今の不快〟を受け入れる活力を持つことです。

今のコンフォート・ゾーン（快適環境）にとどまれば、そこは未来のアンコンフォート・ゾーン（不快環境）になることもあるわけですから、そうならないためには、現在の不快を、ある程度自分なりに受け入れないとダメなのです。

不快さを受け入れて、未来に向けたトレーニングを行なうことで、自分自身を前向きにコントロールできるようになります。

トレーニングの過程で今を「不快である」と感じているのであれば、それは過去にとらわれた生き方をしていたり、自分を犠牲者として扱って生きていることから逃れようとしていることの表われであり、逆に見れば、自分が変わろうとしているプラスのサインでもあります。

大丈夫です。〝今の不快〟に向き合うことは〝未来の快〟を引き寄せることになるのです。

「イヤな気持ち」がしたら大チャンス!

2 その"がっかり感"は前向きなサイン？

せっかく「新しく変わる！」と決めたのに、いつもの日常生活のペースになると、なかなか変わることができない……という経験はないでしょうか。

確実に新しい自分に変わっていくためには、「習慣」を変えることが大事になってきます。

ポイントは、これまでとは違うことをあえて選ぶこと。

まずは、ささいなことでいいので、意識的に変えてみます。

たとえば、利き手の反対の手で何かをやる、駅までいつもと別の道を通って行ってみる、行ったことのないお店でランチをするなど、何でもいいのです。

はじめは慣れないために勝手が悪かったりしますが、**今までやっていなかったことをやる、やっていたことをやめる、この両方が必要**です。

習慣を変える――それはつまり、「トレーニングし続ける自分をつくる」ことです。

このヘンな感じ、違和感こそが、「新しいことをやっている」という実感になります。

安住していて何も変わらない停滞した場所から、「『今、新しいところへ出た』というサインだ」と自分に意識させ続けるのです。

この「変わろうとしている」ことの意識づけが、実はとても重要です。

たしかに、長くなじんだ習慣を変えることは難しいでしょう。

ここで一つ、想像してみてください。

たとえば、腰に太いゴム製のロープが巻かれているとします。あなたはそこから移動しようとするのですが、何度試みても、ゴムの引力で元の場所にバシーンと引き戻されてしまいます。

行こう、バシーン、行こう、バシーン……。この繰り返しです。場合によっては、スタート地点より、もっと後ろに引き戻されてしまうことがあるかもしれません。

こうしたことを繰り返しているうちに、イヤになってしまったり、自分に失望してしまったりして、向こうへ行くことをあきらめてしまう……。

習慣を変えるということは、こうした困難さをともないます。

しかし、その失望感は、何かをはじめたからこそ生まれたものです。トライしない限り、〝がっかり〟はないのです。

そして、**がっかり感の分だけトライした実感がたまり、充実感が出てきます。**

ですからほんの数回、がっかりしたことがあったからといって、あきらめてし

新しいことに挑戦する姿は、誰にとっても魅力的

まうのは早すぎます。

たとえば、子どもは歩きはじめのころ、立っては転び、立っては転びますが、ギブアップしませんよね？「もう立つのはあきらめました。二度と立ち上がろうとしません」などという赤ちゃんはいません。

つまり、**人間は本質的にトライする素質を持っている**のです。

何度転んでも立ち上がるための試行錯誤を繰り返す。そうして人は、着々と変わっていくことができるのです。

あのエジソンは1万回失敗したと言われています。彼は特別かもしれませんが、失敗を恐れていては何も変わりません。

本当に変わりたいと思ったら、いつからでも変わりはじめることができます。ですから、勇気を持って、新しい世界に足を踏み入れてほしいのです。

それでは次の項目から、自分の魅力を引き出し、新しい自分に変わるための「自分起こし」のトレーニング法を具体的にお話ししていきましょう。

転ぶのがイヤで歩くのをやめる赤ちゃんはいない

3 あなたの強みを活かす「究極目標」とは

たとえば、「お金持ちになりたい」「素敵なパートナーがほしい」といった希望があったとして、「何のためにお金持ちになりたいの？」「何のために素敵なパートナーがほしいの？」「何のために？」「何のために？」と問い続けていきます。

すると、「自分は最終的にどんな人生を送りたいのか」「どういう存在でありたいのか」がだんだん見えてくるでしょう。

これまでふれてきたように、これが「究極目標」です。

この究極目標に向かって生きることで、私たちの魅力はどんどん引き出されて

いきます。

一般的に、この究極目標は10歳までには確立されると考えられますが、実際は多くの人が自分の究極目標に気づかずにいます。

しかし、たとえ、自分の究極目標に気づいていないとしても、誰もが無意識のうちにその目標に向かって人生を歩んでいるのです。

自分の究極目標を知ることは、何らかの課題にぶつかったとき、どのような選択がベターであるかを決断する指針となります。

気づかないまま、やみくもに歩むよりはるかに効率的ですし、自分にとっても、まわりにとっても、有益な選択をすることができるのです。

ですから、未来に向かって生きるためには、まず自分の究極目標を知ることです。

この究極目標は、アドラー心理学にもとづく「早期回想」という方法で探ることができます。

早期回想は、10歳までの思い出で、一番鮮明に覚えているものを思い起こし、それをどのような物語として語るかによって、その人の究極目標を探っていくものです。

次の項目で説明する「ライフスタイル」も、このやり方によって探ることができます。

このやり方を行なうには、5つのポイントがあります。

（1）ある日あるところでの特定の出来事（1回だけ起きたこと）
（2）はじめと終わりがあるストーリーであること
（3）ありありと視覚的に思い出せること
（4）感情をともなっていること

（5）できれば10歳ぐらいまでの思い出

実際に行なうときには、専門のトレーニングを受けた、アドラー心理学のカウンセラーによって、より正確に探ることもできます。

☆ 10歳までのことで一番はっきり思い出す出来事は？

4 自分の「ライフスタイル・タイプ」はどれか？

自分の魅力を引き出す「自分起こし」のトレーニングの中で、先に述べた究極目標に加えて、もう一つ探っていくものがあります。

それが、「ライフスタイル」です。

アドラー心理学で言うところのライフスタイルとは、生活様式という意味ではありません。

性格よりももっと広い、「自分自身についての信念」（自己概念）や「自分のまわりの世界に対する信念」（世界像）、さらには「自分がどうありたいかの理想」

（自己理想）を含めた意味で使われています。

究極目標が変わることがないのに対して、ライフスタイルはその人の思考、感情、行動が変わることで変化していきます。

ライフスタイルが変わることで、さまざまな選択、決断も変わりますし、人間関係を含んだ環境も変わります。

また、早期回想によって語られる過去の物語のフォーカスポイントも変わってきます。

だからこそ、アドラー心理学では、**「自分も他人も、環境も、過去も未来も変えられる」**ということになるのです。

また、ライフスタイルを知ることは、その人が何らかの課題にぶつかったときに、気をつけるべき点が明確になるため、自分に対して注意喚起を行なうことができるようになります。

これまでの自分であれば、このような場面ではこういう行動に出ていたけれども、「ちょっと待てよ」と立ち止まり、いつものパターンとは違う行動を取ることができるようになります。そうすると、その後の展開も自ずと変わってくるのです。

私は、このライフスタイルを大きく6つのタイプに分けています（114ページ参照）。

・欲張りタイプ（ゲッター）
・赤ん坊タイプ（ベイビー）
・人間機関車タイプ（ドライバー）
・自己抑制タイプ（コントローラー）
・興奮探しタイプ（エキサイトメントシーカー）
・安楽タイプ（アームチェアー）

また、116〜117ページでは、ライフスタイル別の対処法として、日常の中でどのような点を意識して行動すればよいかのアドバイスも紹介しています。

いかがでしょうか？

自分がどのタイプにあてはまるか、思い当たる点がいろいろあるのではないでしょうか？

自分のタイプがわかっていれば、気をつけるべき点が見えてきます。

たとえば、自己抑制タイプ（コントローラー）であれば、

「責任を受け入れすぎる傾向があるので、ほどほどにすることも必要。『これは自分の課題。こっちは相手の課題』と役割の線引きをして、他人の分まで責任を背負い込まない」

などの注意すべきポイントを意識できます。

自分のタイプを知ることは、自分が今、どんな状況であるかを知る、また、どのようにして変化していけばよいかを確認する上で、よい手がかりになるのです。

「やるといいこと」「気をつけたいこと」を意識しておく

自己抑制タイプ (コントローラー) 	**感情をあまり表に出さない完璧主義者** 「失敗してはならない」という自己理想を持つ人。あまり感情を表に出さないためクールな印象を与えることが多く、時間をきちんと守り、**秩序やルールにも忠実。**一方で**融通が利かない面も。**必死に感情を抑え込もうとしていることもある。
興奮探しタイプ (エキサイトメントシーカー) 	**いいと思えばすぐに食いつくが、竜頭蛇尾になりがち** 「いつも楽しく興奮していたい」という自己理想を持つ人。**好奇心旺盛。**イベントやお祭り好きでわざと危ない目に遭おうとし、度が過ぎて規則を破ることも。もっとも、勢いがあるのは最初だけで、**途中で飽きて**しまって気が乗らなくなる傾向もある。
安楽タイプ (アームチェアー) 	**周囲から何を考えているのか読めない安楽型** **「ラクをしていたい」**という自己理想を持つ人。周囲は「もっと力を発揮できるのに」とイライラするが、本人は気にせず。面倒なこと、苦労すること、責任の重いことは引き受けたがらず、パフォーマンスも高くない。

あなたはどのタイプ？
——6つのライフスタイルとその特徴

欲張りタイプ （ゲッター） 	**「他人の物は自分の物」タイプの権利主張型** 「他の人は自分に奉仕して当然」という自己理想を持つ人。**利害関係に敏感**。金銭、物、人からの注目などに執着する傾向が強く、何事も**損得勘定で判断しがち**に。人が自分の期待に応えないと、腹を立てるような面もある。
赤ん坊タイプ （ベイビー） 	**他人の顔色をうかがい、好かれようとする依存型** 「他人からの保護がほしい」という自己願望を持つ人。自分の弱さを強調して**他人の援助や保護を当てにする**傾向がある。自分から積極的・能動的に働きかけず、他人を頼りにして人生の課題に取り組まない傾向。自分は特別扱いしてほしいという側面も。
人間機関車タイプ （ドライバー） 	**他人に任せることができない猪突猛進型** 「優越していなければならない」という自己理想を持つ人。**理想や目標に向かって突き進む頑張り屋**。一番になろうとしたり、中心人物になろうとする傾向が強く、仲間がついてこないことも。また、他人に対して支配的で、攻撃的なこともある。

タイプ	自分に対して	このタイプへの望ましい対応
自己抑制タイプ （コントローラー） 	● 時には自分の不完全さを許す ● ほどほどに息抜きや手抜きをするように心がける	● 依頼するときは、期限と精度を明らかに ● フィードバックを受ける ● 時には無理せず遊ぶことをすすめる
興奮探しタイプ （エキサイトメントシーカー） 	● 仲間チェックをおこたらない ● 仲間からフィードバックを受けるように心がける	● 仲間と楽しみを共有するように誘導する ● アイデアを尊重してあげる ● 手《た》綱《づな》を締めておく
安楽タイプ （アームチェアー） 	● 周囲の人の期待を確認する ● 自分の考えをはっきり言う	● 同じタイプの人と群れさせないようにする ● その人の独特の物の見方を尊重する ● 頼むときは内容を絞って

気をつけるポイントをチェック

——ライフスタイル別の対処法

タイプ	自分に対して	このタイプへの望ましい対応
欲張りタイプ （ゲッター） 	● 仲間からの信頼を確保するような行動を取る ● 権利主張はほどほどにする	● 権利意識の強みを活かす ● 貢献する機会を提供させる ● 適切な行動に注目する
赤ん坊タイプ （ベイビー） 	● 自ら進んで役割を引き受ける ● 「人から嫌われたこともある」ことを受け入れる勇気を持つ	● 調整役を委《ゆだ》ねてみる ● リーダーシップの調整を行なう ● 能力を認めていることを伝える
人間機関車タイプ （ドライバー） 	● 「そんなに急いでどこへ行く」と自らを戒《いまし》める ● 競争より協力に対して、意識と行動の転換を図る	● リーダーシップを発揮してもらう ● 参謀役を配置する ● 主導権争いを回避させる

5 誰もが〝魅力のストック〟を持っている

「究極目標」や「ライフスタイル」を探っていくことで、自分がどのような人間か、だんだんと見えてくるようになります。

そうすると、自分のリソース（魅力）に気づきやすくなるのです。

この本の冒頭でふれたように、「魅力」を「リソース」（その人固有の能力）ととらえていますが、潜在能力と同様のイメージで大丈夫です。

また、リソースは、特別な能力ということではありません。知識も友人もリソースです。資格もリソースですし、達成したこともリソースです。

ささいなことでもいいのです。お米を炊くのがうまいこともそうですし、片づけが早いのも、早足で歩けることも、重いものが持てることも、謝るのがうまいのも、隠しごとがうまいことだってリソースです。

このように、**リソースは限りなくある**のです。


さらに、人はみな、特有のリソースを持っている、というのがアドラー心理学の考え方です。

たとえ子どもであっても、それまで生きてきた中で、たくさんのリソースを身につけています。


しかし、これまでに多くの方々にセミナーやカウンセリングなどで接してきましたが、残念なことに、「自分には特別な能力なんてない」と感じている人がとても多いのです。

それは、親や教師などによる、これまでの教育に問題があると感じます。子どもに、「おまえはバカだ」「ダメねぇ」と繰り返し言っている。そうすると、それらの言葉が子どもにしてみれば、「自分はバカでダメ」に変わってしまうのです。

言っている側が、その言葉にどれだけの意味を持たせているかはわかりません。にもかかわらず、言われる側は、確実に否定されていると感じます。

さらに、他者のすぐれた点とその子の悪い点を比較したり、「あんなに期待していたのに……」といった、一方的な理想との比較をしたり。比べようがないものと比較して、暗に「おまえはダメだ」と言っているのです。

しかし、本来は、私たちが日々いろいろなことにトライすることは、引き算ではなく足し算であるはず。

さまざまな新しい経験を積み重ねているわけですから、成長して、進歩している。**足し算をして、過去の自分と今の自分を比べると、「こんなにできるように**

なったじゃないか」とわかるはずなのです。

そして、その分、自分の中にリソースをきちんと貯め続けているのです。

とはいえ、リソースは使わなければ意味がありません。

また、いくらたくさんのリソースがあっても、本人がそれに気づかなければ使いようもありません。

そこで、まず自分のリソースを探して、知る必要があるのです。

あなたのいいところは
使ってこそ光る！

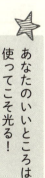

6

「○年後にこうなっていたい」をリアルに思い描く

リソース（魅力）探しは、アドラー心理学のグループ・ワークで、複数の人を交えて行なうとよりいいのですが、自分一人でもある程度は見つけられます。コツは次の2つです。

①過去の自分と比べる

過去の自分と今の自分を比較すると、「こんなことができるようになっている」ことがわかります。

たとえば、自分を責めることが少なくなっているとしたら、自分自身を受け入れていることの証《あかし》です。

②遠くにある理想ではなく、身近なものから探す

毎日の暮らしの中で、自分ができたことを集めていきます。反省文というものがありますが、あれはできなかったこと、悪かったことについて書くもの。

その逆で、ポジティブなことを見つけて、それを書きとめておく「育自日記」をつけてもいいと思います。

たとえば、上司の長所に気づくようになったら、上司に対する信頼感がより増したことを意味します。

このように、今の自分の能力をポジティブな目で見ることは、自分のよさに気づき、それを活かしていくための重要なトレーニングになります。そして、見つけたリソース（魅力）を究極目標に向けて、どのように使っていくかを考えます。

何か課題などに直面したとき、リソースは持っているのに何もできないのではなく、「よし、これを使おう」「あれが使える」「あの人に頼もう」といった判断がパッとできることが大事なのです。

たとえば、自分はこういうことがしたい、という思いがあるでしょう。

その思いを実現するために、自分はどんなリソースを持っていて、どう使えばいいか、そして今の自分に足りないものは何だ、ということを常日頃からイメージしておくようにします。

足りないものは資格なのか、人脈なのか、体力なのか。

それがわかったら、身につければいいわけです。そうすると、「これとこれを組み合わせて、こういうことができる」と方策が生まれてきます。

そんなことを意識してやっていると、**とっさのときにも、リソースを活用できるようになる**のです。

物、人脈、体力、お金……
「今あるもの」を上手に組み合わせてみると——

ここで、アドラー心理学にもとづくグループ・ワークでのリソース探しについても、簡単にご説明しておきましょう。

まず、一人で行なうときと同様、早期回想（106ページ参照）によって、究極目標とライフスタイルを知ることが前提です。

そして、リソースを見つけたい対象者に対して、5～8人ほどの第三者（知り合い、または初対面の人）に立ち会ってもらいます。その人たちは、対象者のすぐれていると思うところ、いいところを次々に発言します。

たとえば、「お年寄りに優しい」「仕事が速い」「お箸の使い方がきれい」「スーパーでいいお肉を見つけるのがうまい」といったように、どんなささいなことでもかまわないので、どんどん出していきます。

ここでの第三者は、もちろん、アドラー心理学に通じていなくて大丈夫です。友だち、会社の同僚、取引先の人など、対象者と何らかの接点がある人だけでなく、初対面の人でも問題ありません。

対象者に取材する形で、その人を客観的に知っていくので、初対面だからこそ、よい気づきを提供してくれることもあるでしょう。

次に、対象者は自分が○年後、こんな人間になっていたい、という目標を話します。

それに対して、第三者がそのためには何をやったらいいか、アイデアを出します。対象者も自分なりの考えを述べます。

その上で、対象者は、自分の目標を達成するために、先ほど出た自分のリソースをどう使うかを確認し、今からできることを発表します。

これはいわば、「新しく生きる宣言」です。

書くだけでキラキラしてくる「育自日記」のすすめ

7 自分自身にぴったりの「キャッチフレーズ」とは

自分らしいリソース（魅力）を、これからどのように活かしていくのか——。

もっと自分らしく輝いていくために「新しく生きる宣言」をするとき、大事なことが、自分に「肩書き」をつけるということです。

これは何でもかまいません。究極目標と自分のリソースの特性を合わせたもので、本人が腑《ふ》に落ちていればＯＫです。

たとえば私は、肩書きを「勇気の伝道師」としました。アドラー心理学が重視している「勇気」を多くの人に与えることで、自分の究極目標に向かって歩いていると考えています。

この「肩書き」をつくったのは、1990年代のころです。いろいろと思案しましたが、最終的には「勇気」と「伝道師」という2つの要素を入れることで、自分の究極目標に合致し、かつ、自分のリソースを活かせると考え決めました。

①「勇気」――当時日本では、年間3万人を超える自殺者が出ていました。その現状を目の当たりにして、「〝勇気〟を大事にするアドラー心理学が広まればこんなことにはならないのに……みんな〝勇気〟が欠乏している！」と痛感したのです。そこで「〝勇気〟を与えたい」と思い、この言葉が浮かびました。

②「伝道師」――これはアドラーとそのお弟子さんたちが構築したアドラー心理学を、現代のみなさんに伝えたいという思いからです。自分自身が何かを生み出すおおもととして〝教祖〟になるわけではありません。自分のリソースを活かしながら究極目標を実現していくため、私のミッション（使命）は伝えることにあるのです。

このように、私の肩書きには2つの要素が盛り込まれていますが、その数は人によって違います。

たとえば、ある知り合いの編集者の場合は、肩書きが「人材コンテンツプロデューサー」となりました。

①「人材」――彼には人の能力を見つけ出すのが得意、というリソースがありました。

②「コンテンツ」――彼自身、たくさんのコンテンツを持っていました。たとえば、ロジックについて専門的に学んでいたり、中国哲学の知識も豊富でした。

③「プロデューサー」――さらに、彼は「物」や「出来事」に対するよりも、「人」に関わることに有効な能力を多く持っていたのです。

こうして、この3つを組み合わせた肩書きが生まれました。

肩書きは誰かが「これ!」と決めつけるものではありません。いくつか出た案の中から、本人が一番しっくりきたものを選べばよいのです。

わかりやすい方法としては、**自分のミッションをすぐにイメージしやすい言葉**から成り立っているものを選ぶとよいでしょう。

つまり、究極目標とリソースをパッとイメージできる言葉です。

この肩書きによって、ミッションを常に自分に刻みつけ、忘れないようにする。

そして、自分に刺激を与え続ける。

それが肩書きの意義です。

私は、「勇気の伝道師」という肩書きをつけたときに、まず行なったことがあります。

それは伝道師として勇気を伝えている自分自身の姿を詳細なビジョンとして思い浮かべること。「勇気の伝道師」として講演をしているシーン、著作の執筆をしているシーン、カウンセリングをしているシーンなどを思い浮かべたのです。

できるだけ具体的にイメージしました。

すると、肩書きとイメージによって、自分が何をするべきか、わかってきたのです。そして、日々の行動の中でも、常に勇気を人に伝えることができるように変わっていきました。

言葉は、私たちが思っている以上のパワーを生みます。

ですから、肩書きをつけることは、「新しい自分」に変わるために非常に大事なのです。

「あなたを見る人の目」が変わります！

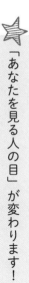

Column

「新しい自分」を実感したYさんのケース

Yさんは、以前アドラー心理学の「ベーシック講座」を受講した経験があります。その上で、「人起こしプロジェクト」(「自分起こし」と同じコンセプト)という、私の講座に参加した人です。その際、希望者を募《つの》り「人起こしされる人」を決め、その人に対し、私を含めた数名が「人起こしをする人」となり、人起こしを行なっていきます。

Yさんはこのとき、「人起こしされる人」に立候補をした人です。そのときの感想をYさんが語ってくださっています。

＊　＊　＊

岩井先生発案の、「人起こしプロジェクト」に参加したのは、本当に軽い気持ちからでした。「人起こし」とは何なのか、まったくわからないまま、「なんだか面白そう」という気持ちで参加したのです。

ただ、私は以前、アドラー心理学のベーシック講座を受講した直後に、あっけないほど簡単に禁煙に成功した経験がありました。アドラー心理学の論理を学んだことが成功の引き金になったのか、よくわからないのですが、自分なりにアドラー心理学による成功体験を得ていたことも、今回の受講につながったのかもしれません。

そんな軽い気持ちでしたから、最初は「人起こしされる人」に立候補しようとは思っていませんでした。

ところが、岩井先生のお話を聞いているうちに、「これは思っていたほど安易なものではない。ここにいるたくさんの人に自分の現状をさらけ出してでも、本気で変わろうとしなければならないプロジェクトなのではないか」

と感じはじめたのです。

元来ひねくれものの私は、「それならば、いったいどうなるのか試してみよう」と、唐突に立候補したというわけなのです。

今思い返しても、私はあのときの自分の決断をほめてやりたい。それほどに、あの体験は私にとって価値のあるものでした。

その中でも、私の究極目標を探っていくカウンセリングでの、岩井先生の執拗《しつよう》なまでの「何のために？」という問いかけは、きっとこれからも忘れることはできません。なぜなら、その問いかけによって、私は、自分が目指す北極星とも言うべき、可能性の定点を見つけることができたのですから。また、これまでどうしても理解できなかった「共同体感覚」も、あのプロジェクトのおかげで実感することができました。

そして、「〝なぜ（Why）〟無理なのかに興味はない。知りたいのは〝何のために（What for）〟〝いかにして（How）〟なのだ」という言葉を常に忘れないように心がけています。

岩井先生と、参加されていたみなさんの温かい勇気づけには心から感謝しています。

4章

自分にあげたい言葉、きっかけ、ご褒美《ほうび》

——「勇気づけ」というすごい力

本来、私たち一人ひとりは多くのリソース（魅力）を持っています。また、毎日さまざまな経験をする中で、リソースは増えています。

ただ、残念ながら、自分で気づけていないことが多いのです。

あたかも、〝宝物〟を奥にしまい込んだまま、忘れてしまっているようなもの。サビついて輝きがなくなってしまいます。

そんなこと、もったいないですよね。だからこそ私は、自分のリソースに気づき、それを引き出して活かし、自信につなげるための「自分起こし」をみなさんにおすすめしています。

前の章では、「自分起こし」のうち、ベースとなる部分で、比較的やりやすい、おもにカウンセラーや周囲の人々と一緒に行なう方法を紹介しました。この章では、一歩進んだ方法として、自分一人でも十分な「自分起こし」の効果を得られる、セルフトレーニングをご紹介していきましょう。

1

「悩まなくていいこと」に悩まされていないか

私たちが「新しい自分」に変わるために「今の自分」を見つめ直すとき、悪いクセが出てしまうことがよくあります。

それは、「問題」と「課題」の2つを混同してしまうこと。そうすると、今、自分は何について本当に悩んでいるのか、本人もわからなくなり、後ろ向きの思考に陥りやすくなるのです。

一般的な心理学とアドラー心理学の違いを示しながら、説明していきましょう。

たとえば、「眠れない」という悩みを抱えている人に対し、一般的な心理学では、「眠れない」という「悩み」（主訴）に対してフォーカスします。なぜ眠れないのか、それは何かのトラブルがあるから、または運動不足だから、あるいはほかの要因があるから……と何らかの「眠れない」原因を探します。

そして、「では原因を取り除けばいい」という流れになり、根本的な解決にはつながりません。

眠れないとき、脳は必ず何かをやっています。

たとえば、職場の人間関係を考えているとか、明日の仕事のことを考えているとか、頭の中で一種のリハーサルのようなことをしているのです。つまり、何らかの「目的」があり、それが実現できないために眠れないわけです。

ですから、アドラー心理学では、「眠れない」と悩む人に対して、眠れる方法を考えるのではなく、「眠れない」と関連している「職場の人間関係を変えること。これが目的ですね」というふうに、「主訴」でなく悩みの「目的」にフォーカスします。

いくら「主訴」にフォーカスしてそれに対処したところで、悩みの表面的な症状を取り除くものでしかありません。それでは、いつまでたっても、悩みの本質が明らかにならず、解決しないのです。

私はカウンセリングの際、仏教の教えの「毒矢のたとえ」をベースにした話をします。

ある二人が弓で射《い》られました。一人は、すぐに体に刺さった矢を抜いて、手当をしました。

もう一人は、刺さった矢を抜く前に、「誰がどんな意図があって私を射ったのか」「自分に何か悪いところがあったのだろうか」「この矢には毒が塗ってあるんじゃないだろうか」と妄想しはじめます。

その結果、矢を抜かずに長い時間が経ったがために、命を落としてしまう。そういうお話です。

この話が教えとすることは、ひと言で言うと、「刺さった矢はすぐ抜け」ということです。
これは、悩みの大半は、脳の中にあるのではなく、悩みに対する見解が苦しめるという教訓なのです。
わかりやすく、身近な失恋を例にとって説明しましょう。

失恋は、恋を失った体験が〝第一の矢〟です。次に失恋をめぐって、いろいろな見解や分析がはじまります。これが〝第二の矢〟として、私たちの悩みを増やすのです。

たとえば、彼には他に女がいたんじゃないかとか、私がふさわしい女じゃなかったとか、彼が家の人に反対されたに違いないとか、いろいろなことを妄想しはじめるのです。

そうすると、失恋そのものに苦しむだけでなく、失恋をめぐる妄想に苦しむことになります。これが悩みの本質です。

恋を失ったという事実は変えられません。しかし、実際に私たちを悩ますのは、失恋という事実ではなく、失恋をめぐる妄想や見解なのです。

アメリカのミシガン大学のある調査によると、**恋愛に限らず、悩みや不安の96%は起こらない**という結果が出ています。

つまり、悩みの本質は４％しかないのです。人は、何かに出会ったとき、大きく妄想をふくらませてしまう、ということです。

そして、妄想をふくらませないためにも、ここで大事になるのが、「課題」と「問題」をしっかり分けることなのです。

「課題」というのは、直面する課題ですが、「問題」というのは、悩みによって引き起こされる妄想や見解に至りがちです。


さきほどの失恋の話で言えば、「彼は他に好きな人がいたのかもしれない。そういえば、彼、Ａさんと親しげに話していた」という妄想が浮かんできたときに、Ａさんに確認すればいいのです。

「別に今さら彼とどうこうしたいわけじゃないけど、あなたと彼、何かあった?」と。何もなければ妄想が一つ消えます。もし、「実はね……」ということなら、それは妄想ではなく、事実だったということです。

対処すべき課題かどうかは別として、クリアになります。このように**確認することで、泡のように次々と出てきた妄想の多くが消えて、悩みの本質がわかり、課題が明らかになる**のです。

とはいえ、何かにぶつかったとき、すべてを確認する必要はありません。自分の中で、悩みを振り分けていけばいいのです。事実と妄想に。

そうすれば、今、自分が解決しなければならない課題がはっきりして、前向きになれます。それ以外のことは、放っておいてかまわない程度のものです。

たとえば、眠れないときに「眠れる方法」を知ってもムダ

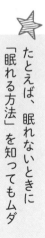

2 人づき合いがどんどん楽しくなる〝3つの視点〟

魅力的な「新しい自分」に変わっていくために、今の自分の「課題」が明らかになるとしても、より前向きに課題を解決していくために、その種類を知っておくことも大切です。

アドラー心理学では、生きていく上で自分なりの対処が求められる課題を「ライフタスク」と呼びますが、これには3つの種類があります。

①ワークタスク——役割や義務・責任をともなう仕事に関するもの

②フレンドシップタスク——身近な他者とのつき合い

③ラブタスク――恋人、夫婦、親子を含めた家族の関係

たとえば、結婚は③のラブタスクですが、離婚は①のワークタスク、離婚後の別れた相手との課題は、①ワークタスクか、②フレンドシップタスクです。

このように、相手との関係性によってタスクの種類は変わってきます。

たとえば、親子の課題だからといって、何が何でも③ラブタスクで解決しようとするとつらくなりますが、①ワークタスクの仕事として処理すべき案件だと割り切ってしまうと、案外スムーズに対処できたりします。

親子の関係というのは、さまざまな感情やしがらみがあり、多くの人が悩みます。ですが、親であっても、今後どういう関係でいることが自分にとって有益であるかを判断する必要があると思います。親子であれ、対人関係は距離がポイントですから。

③ラブタスク、②フレンドシップタスクよりも距離が遠い、①ワークタスクに

することは大事です。

こうして直面した課題を、ライフタスクの視点で考えると、課題がさらにクリアになりやすいですし、前向きになっていきます。

以前、母親との関係性に悩んでいた人に、ライフタスクを見直してはどうかと提案したところ、**「ワークタスクだと思うようになってから、すごく気持ちが落ち着きました」**という感想をいただいたことがあります。

ライフタスクを切り替えたことで、自分がやるべきことかどうかの判断ができるようになり、行動が変わったのです。

この「行動を変える」ということも、「自分起こし」にはとても重要です。

こんな「割り切り方」で視界はパッと開ける

3

まるで奇跡のように「習慣が変わる」方法

私たちが何か行動をするとき、そのときどきの瞬時の判断で行なっているようでも、意識しないでパターン化しているものが多くあります。

たとえば、飲酒、喫煙、早食い、大食い、衝動買い、夜ふかし、朝寝坊など、いつの間にか繰り返していることがそうです。

あなたの中に〝眠っている〟魅力をさらに引き出すためには、このような長年のパターンになっている無自覚的な行動を変えることが大事です。

たとえば、いつものように、仕事帰りに行きつけの店に寄りそうになったとき。

「ちょっと待て」と立ち止まって、「ここでいつも飲みすぎて、朝がつらくなるんだ」と考えて、店の前を素通りして帰る。後ろ髪を引かれながら……。

このように、自分の行動パターンを意識的に変えるというのは、慣れるまではつらいものです。

しかし、毎日の飲酒をやめてみると、朝の目覚めがよくなったり、体調がよくなったりする。すると、店に寄らないことが当たり前になってきます。

この毎日の仕事帰りの飲酒を「やめたほうがいい」と思ったのは、「朝がつらい」から。

では、なぜ朝がつらいとよくないのか。「午前中の仕事がはかどらない」から。それがなぜよくないのか。「前日の残務処理ができない」から。

ではなぜ……と、どんどん掘り下げて考えていくのです。そうすると、飲酒がもたらす最大の問題点が見えてきます。

次に、仕事帰りにお酒を飲む目的は何だったのかを考えます。

ストレス発散や、同僚や部下とのコミュニケーションが目的だったとします。

では、それらをお酒抜きにできないかを考えるのです。たとえばストレス発散はノンアルコールビールや週末のスポーツで、コミュニケーションはランチなど、別の方法を考え、それに置き換えていくのです。

こうすることで、**パターン化していた行動をやめると同時に、新しい行動をはじめる**ことになります。

変える行動は、ささいなことからでもかまいません。

大事なことは、意識して変えていく、ということ。それを続ける勇気を持つことです。

一つでも変えることができれば、それはあなたが確実に一歩前進したということなのです。

行動を変えると、必ず自分が変わります。

毎日のお酒をやめたことで健康になるかもしれない。体調がよく、朝から頭が冴え、仕事にいい影響が出るかもしれない。

また、今までぼんやりとしか意識していなかった同僚のよさに気がつくこともあるでしょうし、あなたに厳しかった上司の態度が変わることもあるでしょう。あるいは、これまでとは違う、新しい仲間ができるかもしれない。

このようなことを続けることで、あなたを取り巻く環境も変わってきます。

また、過去に上司に言われて「ひどい」と感じた言葉も、自分に期待してかけてくれた言葉だったと思えるようになるかもしれませんし、過去何らかの衝突で、イヤな人だと感じていた同僚が、実は非常に小心者で虚勢を張っていただけだったと気づくかもしれません。

こうして、「あれはこういうことだった」と決めつけていた過去の出来事も、書き換えられることになります。

たった一つ勇気を出して行動を変えることで、パターン化された出口のない負のループから抜け出して、自分にとっても周囲にとっても建設的な連鎖がはじまる可能性があるのです。

どんなささいなことでも行動に移しましょう。行動することで定着につながります。今までと違う行動を取ることは、最初少しつらいかもしれません。しかし、だんだん新しいパターンに慣れてくると、違和感なくできるようになります。それを続けていくと、他の行動も変わってくる。

こういう**「プラスの連鎖」が生まれてくる**のです。

毎日の「行動パターン」、決まっていませんか？

新しい自分になろうと行動をちょっと変えると、思いがけないところで、さらに「プラスの連鎖」が生まれてきます。

自分だけではなく、まわりの人も変わるのです。

4 ある男女間に起きた〝うれしい変化〟

私の講座に来ていたある女性のケースです。

彼女の夫は、何か気に入らないことがあると、テーブルの上にあるものをバーンと落としていたそうです。いわゆる〝ちゃぶ台返し〟です。

そうすると、彼女は黙って床に散らばった食べ物や割れた皿などを片づけていたそうです。本当はものすごく屈辱的で、イヤだった。ですが、何も言い返さずに片づけていました。

言う勇気がなかったのですね。しかし、夫婦のあり方としては、まったくよくない。そして彼女は夫のことを愛していました。ですから、自分のためにも、夫のためにもどうにかしたいと思っていたのです。

そこで、私のところへカウンセリングやセミナーに通うようになり、さまざまなことを学び、ついに彼女は夫に、

「何か不満があるなら言葉で言ってください。あなたが食卓をめちゃくちゃにするたびに、私はすごく傷ついているんです」

と、はっきり伝えました。

すると夫はびっくりしたそうです。やはり彼は、仕事のストレスなどをそこで発散していました。しかし、今まで妻が何も言わずに片づけていたことで、それを許していると思っていたそうです。

それからはちゃぶ台返しをしなくなったらしいのですが、ある日、またやってしまった。昔の行動パターンに戻ってしまったのですね。

しかし、彼女は「片づけは自分でやってね」と言って、さっさと出かけたそうです。

そのとき夫は、はじめて自分で後始末をしたのです。そして、これはたしかに屈辱的だ、と気づいたわけです。「俺はあいつにこんなひどいことをしていたのか」と。

もともと彼は、妻を傷つけたくてやっていたわけではありません。

以来、そういう破壊的な行動は取らなくなり、夫婦関係も変わりました。従属的な関係から、対等な関係に。

これは妻の決意と勇気から生まれた結果です。**まず妻が自分を変えた。行動を変えたことで、夫も変わり、二人の未来も変わった**のです。

自分が行動を変えるということは、勇気も必要ですし、最初は違和感だらけでつらいものですが、その〝一滴〟がやがて周囲にも大きな波紋を生じさせていくわけです。

「はっきり言ってみる」ってすごいこと！

5 誰を「メンター」にするかで……

せっかく「変わろう！」と決意して行動を変えてみたものの、不快さに耐えきれなくなったり、不安になったり、元の場所に戻ってしまうことがあります。

たとえるなら、これは「イエス、バット（はい、しかし……）」の状態です。「イエス」と言うと促進力が出ます。しかし次に、「バット」がくると抑止力が生まれてしまう。

「変わったほうがいいことはわかります。でも、私はやっぱり……」という状態です。

こうした状況に陥ってしまうと、エネルギーを消耗するだけで事態は進まないため、いつまでたっても自分のリソース（魅力）に気づくことができずに、自信をなくし、変わることをあきらめてしまう、という人は少なくありません。

そこで、おすすめの方法として、「セルフモニタリングシステム」があります。自分の行動を俯瞰して、自覚的に軌道修正していく方法です。

しかし、自分一人で考えるということは、「自分の目」でしか見えなくなってしまいがちです。場合によっては、気づかないうちに元に戻ってしまって、過去にとらわれた発想で自己決定をしていたりする危険性もあります。

そんな状況から脱するには、「共感の目」を持つ必要があります。

共感の目とは、別の人の視点を持つということです。別の人とは、尊敬できる人であったり、理想の人であったり、自分が信頼できて、モデルとして見られる

「いろいろな目」で見ると、
あなたの「いいところ」がたくさん見える

人を常に自分の中に持つのです。

そして、自分だけでは選択を迷うような場面でも、

「あの人だったら、こんなときどうするだろう」

「今の自分を見て、どんなアドバイスをくれるだろう」

と考えてみるのです。

他者の目で、今の自分の状況を見る。こうすることで、今までの自分とは違う視点から、物事を幅広く見ることができるようになります。

このような他者を「メンター」と言

います。

メンターはどんな人でもかまいません。

私の場合、会社勤めをしていた20代のころに出会った上司です。その人のリーダーシップは非常にすばらしく、今でも心に残っているほどです。

自分が部下を持ったときも、会社を経営するようになったときも、「あの人だったら、こういうリーダーシップを発揮するだろうな」と絶えずモデルとしてイメージしてきました。

また、他にもメンターという点では、お釈迦様も、もちろんアドラーもそうです。

このように**自分だけのメンターを見つけて、その人の目と自分の目の両方で、自分を俯瞰する**。そうすれば、自然と多方面から物事を見る目を養うことができます。
それは、同じ目的を持った仲間をつくることでもかまいません。同じ目的を持った人たちと話すことで、軌道修正できたり、お互いに勇気をもらうことができるのです。

他者の目で自分を見るときの判断基準は、自分にとってもまわりにとっても有益であるかどうか、です。

自分の考えだけでなく、周囲のAさん、Bさん、Cさん、それぞれの目で共通の課題について考えてみる。

ただし、みんなの考えに共感しなければいけないということではなく、〝おおむね〟全体像をつかむことができるのです。

先ほど、メンターは、尊敬できたり、信頼できたり、理想となる人と述べましたが、実はその反対の存在も参考になり得ます。

いわゆる「反面教師」です。

たとえば、昔に戻ってしまいそうになったとき、その反面教師としている人の顔を思い浮かべて、「あ！　元に戻っちゃダメ！」と、自分に言い聞かせることができるかもしれませんし、「こんなことをしたら、あの人みたいだ」と、他人への接し方を見直すきっかけになるかもしれません。

悪いモデルも、見方を変えれば、自分の魅力を引き出すために活用することができるのです。

「でも、やっぱり」病が顔を出したらSOS

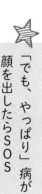

6 一つ「願いが叶う」と、次々と続く！

これまでお話ししてきた**「自分起こし」によって変わることができた実例**を、ここで紹介しましょう。

私のもとへカウンセリングにいらしたHさんという32歳の女性のケースです。彼女はデパートに勤め、総務の仕事をしていました。部下もでき、中間管理職としてのストレスで過食が進み、ダイエットしたいと思いながらも、それができずにいるとのこと。

ここでは、Hさんと私のやり取りを変化のステップがわかりやすいよう、分けていきましょう。実は最大のポイントは、当人も気づいていなかったのですが、ダイエットが真の目的ではないということです。

ステップ1　課題の特定

Hさんは身長が158cmで、入社したてのころ46kgだった体重は、仕事のストレスで甘いものがやめられなくなってしまい、10年間で12kg増の58kgになっていました。

デパートという職場環境もあり、週に4日はランチのあとに地下の食品売り場に寄り、スイーツを買う。食品売り場担当から新商品の情報が入れば、それは必ずチェックし、一日で2つ、3つ食べることもあったそうです。

つまり、数字にすると、スイーツを1年間で300個くらいは食べている、という計算になります。

そして太ってしまったことで、体を動かすのがつらく、服のサイズもどんどん上がり、今着ている会社の制服がきつくなってしまっていることにHさんは困っていました。

そこで私が、

「このまま太り続けたら、どういうことになると予測できますか？」

と問いかけてみたところ、

「5〜6年後くらいには、60kgは簡単に超えちゃうでしょうね。そうするとますますおしゃれも楽しめなくなって、恋愛も結婚も遠のくでしょうね。そうなったらどうでもよくなって、ますます食べてブクブク太って、健康も壊して、働けなくなるかもしれません」

とHさんは答えました。

ステップ2　断行力の発揮

そこでHさんにどのような状態になれば満足か尋ねると、

「体重は48kgくらいには落として、服のサイズもせめて9号サイズにしたい」

ということでした。そのためにどんなことができるか、彼女からあげてもらった解決策は次の4つです。

①スイーツは1週間に1個にする
②地下の食品売り場に行く習慣をやめる
③ストレス解消はスポーツ・ジムで体を動かすことで代替する。週末のスイーツをご褒美《ほうび》だと思って努力する
④たまには山歩きなど、自然にふれながら体を動かすようにする

ステップ3　コミットメント（宣言）

この解決策が実際に実現可能か、改めてHさんご自身に確認してもらったところ、

「さっきの未来予想で自分でもかなりヤバイことに気がついたので、絶対に実行

します」

と本人の決意は固いものでした。

それを踏まえて、次にHさんに考えてもらったのは、協力者を決めてもらうこと。協力者とは、Hさんの決断と実行を側面から支援してくれる人で、家族や職場の友人などです。Hさんは協力者の人たちに決意を宣言し、その人たちに定期的に食生活や体重の推移を報告してもらうようにしました。

ステップ4　中間チェック

そして協力者と一緒に行なう中間チェックでは、もし体重が思うように減っていなくても、「自分はダメだ」「意思が弱い」と自分を責めるのではなく、「じゃあ、別の方法を考えよう」と切り替える機会にするよう、アドバイスをしました。

中間チェックは協力者に監視をさせて「できていないじゃない！」と叱ってもらうためのものではなく、一緒に考えてもらうきっかけだと思ってください。順調だったら喜び合えばいいし、不調であれば、対策を一緒に考える。それが中間チェックであり、協力者の役目なのです。

ステップ5　ホ、ソ、イを味方に

最後、私からHさんに「ホ、ソ、イ」を伝授しました。

「ホ」は方法。これは、Hさんご自身であげてもらった具体的な方法のことです。

「ソ」は測定法。毎朝同じ条件で体重計に乗って、グラフに書き入れ、体重の推移を目で見える形にするよう伝えました。

「イ」は意義です。Hさんにこの自己変革の意義を考えてもらったところ、こんな答えが返ってきました。

「一番大きなことは、自分の意思で自分のために努力すること、でしょうか。考えてみると、社会人になってからは、上司や会社の言う通りにやることが一番いいことだと思っていました。納得いかないことでも、『やれ』と言われたらやるしかない、と。

それはそれで会社の機能としては大事なことですが、自分の意思で自分のために何かをするということを忘れていた気がします。

アフターファイブも週末も、会社の仕事に影響がないようにと、積極的に動くこともしていませんでしたし、後輩にもかなり厳しかったと思います。

だから、ダイエットすることは、美容と健康、ひいては婚活にプラスになるだけではなくて、自分を取り戻す機会になるような気がします。私はもう少し、公私のバランスを取る必要があるな、と気がつきました。余裕がなかったですね」


この半年後、Hさんから、うれしい手紙をいただきました。


「岩井先生、お元気でしょうか。こちらは元気に頑張っています。

あれから、宣言通りに、食品売り場通いはやめ、会社の帰りにスポーツ・ジムで汗を流すようになりました。通いはじめのころは、1時間もできなかったのですが、今では2時間くらい平気で動けるようになりました。

体を動かすようになって、よく眠れるようになり、体調がよくなったんです。それではじめて気がついたのですが、以前の私は疲れやすかったですね。だからイライラしていたのかもしれません。最近は、職場で後輩がミスをしても、あまり腹が立たなくなりました。岩井先生のマネをして、順序よく課題を解決する方法を一緒に考えています。

また、この半年間に山歩きにも3回行きました。新しく山歩きの友だちもできましたし、出会いも期待できそうです。

体重は58kgから8kg落ち、今、50kgになりました！　目標まであと2kgです！　服のサイズも9号サイズになって、おしゃれが楽しくなりました。山歩きのときのファッションにも凝っています。

週1回のスイーツは、今でも私のご褒美です。

以前は、ストレス発散で食べていたので、ちゃんと味わっていなかったのかも。今はひと口ひと口味わいながら、至福のときを過ごしています。

ダイエットは、ただやせるだけのことだと思っていましたが、実はあのときの私にとって、すぐに取りかからなければならない大きな課題だったのだと実感しています。一つのことが突破口になって、いろいろなことが好転していっているように思います。

自分の意思で、自分で決断して、実行できたこと。この経験は何物にも代えがたいことだと思います。

私にそのチャンスをくださったこと、背中を押して、勇気づけてくださったこと。心より感謝しております。本当にありがとうございました」

彼女のように「新しい自分」になるために、「今の自分」と一度しっかり向き合い、課題を明らかにして、自分の意思で行動を変えていく。

ささいなことのように思えることでも、一つずつ行動を変えていくことで、次々とプラスの変化が起きていきます。

アドラーが「死ぬ1、2日前でも人は変われる」と言っていることは前にも述べましたが、私たちはいつからでも変わりはじめることができるのです。

ぜひあなたも自分自身の魅力を活かすために、「新しい自分」を見つけていってください。

ドキッとする質問――「このままでいたらどうなりますか?」

5章

「期待」が人を大きくする

——「クリエイティブ・セルフ」のすすめ

最後にこの章では、新しい生き方をはじめた方に、後戻りすることなく、この先も着実にポジティブな生き方を続けられるよう、日々どのような点に気をつけたらよいかお伝えしていきましょう。

1章でふれた3つのポイント（21ページ参照）のうち、

③新しい生き方を選んだあとも、以前の惰性で生きていた自分に戻らないための「ケア」を怠らない

ための実践的なアドバイスになります。

日常に少し意識するだけで、あなたの人生は変わり、もっと輝くようになっていくことでしょう。

1

「こんなことができる」「あんなこともできる」

ときどき、私の講座にいらっしゃる方の中に、

「理屈はわかりました。でも、私は自分が嫌いなんです。もう少し自分を好きにならないと、しっかり取り組むことはできないと思います」

と言われる人がいます。

しかし、アドラー心理学は、自分を愛するためのトレーニングを行なう心理学ではなく、自己受容の心理学です。

「自分が思っているほど、自分はダメではない」ことを知るための学問なのです。

過去の出来事に過剰に影響を受け、今の自分を肯定できない人は多いものです。しかし、本当にあなたは、自分で思うほどダメな人間なのでしょうか？

リソース（魅力）についてお話ししてきましたが、たとえ子どもであっても、必ずリソースを持っています。もし、あなたが自分自身に納得できない部分があったとしても、すべてにおいてではないはずです。

「自分はダメなところもあるけれど、リソースもたくさんある」

それが自己受容です。私は、アドラー心理学においては、「自分の存在そのものを受け入れる」という自己承認があっていいと思います。

それは自惚《うぬぼ》れではなくて、自分を称賛するということです。

「こんなことができる」「あんなこともできる」と自分のリソースを見つけて称賛する。

また、新しいことにトライして、一つでもできたら、自分のパフォーマンスに感動する。

そんな感性がいいですね。

これまで数多くの方々を見てきて確信していますが、自分を否定する人より、自分を受容できる人のほうが、確実に未来は明るいのです。

たまには自分に「感動」してみよう

2

「不安」も「期待」もルーツは同じ!?

何か新しいことをはじめるとき――。

頭では「いい」とわかっていても、慣れなかったり、勝手が悪かったりして、「本当にこれを続けていいのだろうか……」と不安を感じる人は多いでしょう。

「不安」という感情は、時間軸で言うと、現在より先にある感情です。つまり、これから起こるかもしれないことに対する感情です。

ただし、未来に向けての感情には、プラスの感情もあります。それが「期待」

です。

不安と期待は、コインの裏と表のようなものです。

先行きのことをマイナスにとらえると不安ですが、逆にプラスにとらえると期待になります。

たとえば私が、この本を出版するにあたり、「読者に受け入れてもらえなかったらどうしよう」「ここの表現は訴求力が足りないんじゃないか」とマイナスのことばかり考えていたら不安になります。

ですが、「この本によって、今よりもっと輝いて生きる人を一人でも多く増やすんだ！」と思えば、期待になるのです。

どんな未来になるのか、未来には何が起こるのか。実際、誰にもわかりません。

ですが、未来へどんな姿勢、気持ちで臨むかは、自分で自由に決めることができます。

「リスクだらけだ」とマイナスにとらえて、自ら不安を増やすのではなく、「プラスの要素はどのくらいあるのだろうか」と考え、多くの期待をつくるほうが、未来の可能性が広がると思いませんか。

自分自身に「期待」しているときが一番楽しい

3 どんなときも「魅力的で自信に満ちた人」の秘密

「魅力的な人」「自信がある人」――と聞いて、どんな人を思い浮かべるでしょうか？　**イキイキしている人、感じのいい人、親しみやすい人、一緒にいたいと思う人**……。本人が意識するしないにかかわらず、自然と人が集まってきます。その人が内側から発する何かに、周囲の人は引き寄せられるのでしょう。

これに関して、アドラー心理学の言葉でちょっと面白いものがあります。

アドラー心理学では、「感情」には「コンジャンクティブ（conjunctive）」と「ディスジャンクティブ（disjunctive）」の２つがあると考えます。

コンジャンクティブは「近づける、結びつける」という意味です。一方、ディスジャンクティブは「離す」という意味です。つまり、感情には他者を引きつける、結びつける感情と、他者を引き離す感情があるということ。

たとえば、**「期待」は人を引きつけ「不安」は他者を引き離します。**いつ会っても不安な話ばかりする人と一緒にいたいと思いません。「あの人と会うと気が滅入《めい》る」とか、「言い訳ばっかりでイヤだなぁ」と離れていくかもしれません。

ですが、いつも前向きで期待感にあふれた人には魅力を感じ、「あの人、面白そう」とか、「何かやってくれそう」と協力したくなるのです。

不安と期待。あなたはどちらの視点で未来をとらえたいですか?

人は「楽しそうな人」に引き寄せられる

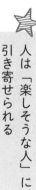

4

100％誰かに支配されることは、絶対にない

会社勤めをしている人の中には、「自分に裁量権はない」「上司の言うことに従うしかない」と、一種のあきらめを抱いている人がいます。

しかし、マネジメントのすべてを誰か一人がやっていることはあり得ません。

つまり、どんな人でも、100％誰かの管理下にいる人はいません。

私が新入社員だったときのことです。私のデスクの真後ろには直属の上司が座っていました。

その上司は、私の電話の受け答えから仕事のやり方にいたるまで、ずっと監視をしているタイプの人でした（ちなみに、前にふれた私がメンターとしている上司はこの人ではありません）。

まるで、自分の意思や考えをなくして、その上司の言う通りに動かなければならないような状況だったのです。

ですが、そんな中でも、私には自分なりのこだわりがありました。

それは電話を切るときに、「ありがとうございました」と頭を下げるということです。

その直属の上司は、「そんなのは意味がない。電話口で頭を下げても、相手には見えていないんだからムダだ」と言いました。

ところが、ある日、その上司の上司がその言葉を聞いて、「そうじゃない。ありがとうございました、という言葉は、お辞儀と一緒に確実に相手に伝わる。岩井君が正しい」と言ったのです。

ささいなことです。ですが、**全面的に他者の統制下にいると本人が思っているような人でも、自由裁量の余地はある**ということです。これを忘れないでほしいのです。

たとえば、「妻の目が光っているので……」と言う人がいますが、実際、常に妻が見張っているわけでしょうか。

以前、私はある本で次のように書きました。

もし妻から、「あなたは家庭と仕事、どっちが大事なの？」と聞かれたら、ためらいなく、「家庭に決まっているだろう」と言いなさいと。

また、会社の上司が、「仕事と家庭のどっちが大事なんだ？」と言ってきたら、「決まってますよ。仕事ですよ」と答えなさいと。

なぜかというと、妻と上司は、お互い確認し合わないから。

これは一つのたとえですが、それくらい私たちには、本当は自由裁量の余地があります。

制約、制限に目を向けるのではなく、自分が今、置かれた状況でできることは何かを思い、そこから多くのものを自由に選んでいっていいのです。

「自由にできること、やっていいこと」は探せばたくさんある

5 あらゆるものは「価値観」にあてはめて選ぶ

以前、本を書いている知り合いの方と対談をしたときに、非常に印象的なことを伺いました。

「自分にとって大切なこと。気分でなく価値観によって毎日選択すること」

これは、日々、自己決定する際、自分の価値観にもとづいて、「このことはやり抜く」「このことはやらない」と決めるということです。

私はサラリーマンになったとき、まず「やらない」ことを決めました。ゴルフ、マージャンはやらない、と決めたのです。

そして、次に「やる」ことを決めました。それは、中小企業診断士の資格を取ることです。そのために、つき合いでお酒を飲んで帰宅しても、水をガブ飲みしてアルコールをさまし、夜中の2時まで勉強しました。

その結果、23歳のとき、その年の受験者最年少で合格できたのです。


自ら「やる」と決めたらやる。「やらない」と決めたらやらない。


もし「今日はお酒を飲んでるからいいか」とか、「気分が乗らないからやらない」といったことをやっていては、いつまでたっても変わることはできません。

もっと自分の魅力を活かすために、新しい世界で生きることを決める。過去に戻らないと決める。それは気分ではなく、価値観で決めるということ。

この決意が、「新しい自分」に変わっていくためには、とても大事なのです。

磨かれていく人は「自分で決めたこと」に厳しい

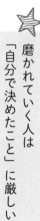

6

「順調なとき」はここに気をつけて

アドラー心理学を実践していくにあたって、メンターや仲間は非常に大切です。**自分の物の見方や考え方に固執してしまうことを軌道修正してくれますし、ときには指針となってくれる**からです。

仲間は私自身にとっても非常に重要です。なぜなら、たまに思いが先走り、フライングをすることがあるので……。そんなとき、社員や妻が、「ちょっと、ちょっと」と気づかせてくれるのです。

まわりにフィードバックしてくれる存在がいてくれることで、自分を見失わないですむのです。

もし、まわりにそうした存在がいなければ、人は必ず増長します。

特に、思いがけず成功すると、自我が肥大して万能感を持ち、「俺はすごいんだ！」と、自分一人の力ですべてを成し遂げたかのような錯覚に陥ってしまうことがあるのです。

しかし、ここで大事なことは、せっかく努力を重ねてうまくいっても、「感謝」を忘れたら風船が破裂するようにすべてを失うことになりかねない、ということです。

自分一人の力で成し遂げられることなど、この世にはないのですから。

「軌道修正」しやすい環境をつくっておく

7

「イキイキしている人」を周囲は放っておかない

最近、「ひとりぼっち」を非常に恐れる風潮があるそうです。特に若者に多く見られると。

そのため、自分の意にそわない集団であっても、仲間でいることを選ぶ傾向にあるといいます。

しかし、「孤独」と「孤立」はまったく違います。

私は、この2つは言い分けて使います。

「孤独」は、一人でいられる能力を持ちながら、仲間とも協力ができること。このような人が孤独に耐えられる人です。

一方、「孤立」する人は、協力できる能力を持たない人のことだと考えています。

孤立している人は、たとえ大勢の人と一緒にいても、「ひとりぼっち」だと感じるでしょう。

もしかすると、「新しい自分」になろうと、考え方や行動を変えていくと、それまでにない違和感を抱き、自分一人で悩んでいるかのような思いを感じるかもしれません。

しかし、それは孤立ではないのです。

たとえセルフトレーニングをしているときでも、見えなくても、あなたのそばにはメンターがいます。決してひとりぼっちではありません。

自分の魅力を活かして前向きに生きていこうとすれば、孤立することはありません。そんな**あなたはイキイキとした存在として周囲に映るのですから、必ず、協力してくれる仲間が現われます。**

ですから、決して孤独を恐れないことです。

「あなた専門の応援団」のつくり方

8

自分のあちこちを「検索」してみよう

「自分の未来を信じて、どんなときも前向きに生きる」ということは、決してラクなことばかりではありません。

精神的にはしんどいときもあります。

なぜなら、人のせいにできないのですから。自分で選んだ人生だから、人のせいにできない。つまり、より自己責任が問われると言えるでしょう。

しかし、つらいことがあっても、その中に生きがいがあります。

〝ワクワク感〟があるのです。

たしかに、責任は自分自身にあるのですから、エネルギーを集中し、課題に立ち向かわなければなりません。しかし、どのような選択をするか、どのような行動を起こすかは、すべて自分で自由に決めることができるのです。

それともう一つ大事なことは、すべて自分で引き受けるわけではない、ということ。

前向きな生き方のできる人は、たくさんのリソース（魅力）を持っています。しかも、前向きに生きれば生きるほど、どんどんリソースは増えていきます。

人、物、金、情報……そういうものがふんだんに使えるのです。

自分でできないときは、誰に相談すればいいか、何を手がかりにすればいいか、過去まで検索して、自分の持っているリソースの中で使えるものは何だろうか、と探し、見つけ、それを使うことができます。

これをアドラー心理学では、「創造的な自己（クリエイティブ・セルフ）」と言います。

もちろん、決してパーフェクトでなくていいのです。ときには、失敗してもいい。

自分の魅力に気づけた人は、そんなときでも〝ワクワク感〟が続きます。未来は自分で自由に変えられることがわかっているからです。

たとえ一つの方策がうまくいかなければ、別の方策に変えてやり直せばいいのです。選択肢は無限にあるのですから。

「手がかり」はいたるところにある

9

「逆療法」を試してみるのも一つの手

せっかくのリソース（魅力）を活かすことなく、過去にとらわれ続けている人の中には、自分を過去の出来事の「被害者」として、そこから逃れられなくなっているケースがあります。

しかし、中には「加害者」として、過去にしばり続けられる人もいます。あえて「古傷」と言いますが、それに酔いしれてしまう人もいるのです。

ある人の例をお話ししましょう。

その人は共働き夫婦の女性で、過去に同僚男性と不倫をしていたことがありました。そのことを何年経ってもとても悔い、自分を責めていました。

「夫を裏切った私は、悪い女だ」と。

そして夫の顔を見ると、やましさが募ってつらいと、私のところへ来たのです。

そこで、私は彼女に「懺悔《ざんげ》のワーク」をすすめました。

夫が帰宅する前の夜8時から約45分間、毎日、壁に向かってひざまづき、自分の過去の過《あやま》ちを繰り返し思い出し、自分を責め、夫に詫《わ》びなさい、と。

そのときにはお香を焚《た》き、BGMにはチャイコフスキーの『交響曲第6番〈悲愴〉』をかけて、と具体的な指示をしました。その曲は45分ほどある長い曲なのです。

そして1週間後、彼女が再び訪れました。

「どうですか？」と聞いたところ、「バカバカしくなって途中でやめました」と言うのです。

ひょっとしたら夫は気づいているのかもしれないけれど、過去の過ちとして水に流してくれているのかもしれない。自分にも変わらず明るく接してくれている。そんな夫に対して、陰ながらずっと詫びているうちに、ひょっとして私が古傷に酔いしれていただけなんじゃないか？　と気づいた――と。

こんな後ろ向きなことをするより、これからの夫との関係を楽しいものにしたいし、信頼関係を築き直したいと思ったそうです。

「もう酔いしれのワークはコリゴリです」と苦笑いしていました。チャイコフスキーももういいいと。

意外に思われるかもしれませんが、彼女のように、一度、徹底的に自分が抱えている世界にどっぷりと入ってみると、目が覚めてバカバカしくなるものなのです。

「苦笑い」したいところに真実がある

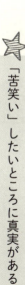

10 「as if（アズ・イフ）」でもっと人生が楽しくなる！

最後に、私が30年以上、毎朝毎晩続けている「アファーメーション」についてお話ししましょう。

アファーメーションというのは、短い前向きな言葉を繰り返し唱えることで、言葉の力によって自らを勇気づける効果があります。

これはアドラー心理学の考えそのものではないのですが、アドラー心理学のカウンセリングで行なう「肩書き」づけ（128ページ参照）と非常に似ていると考えています。

ですから、みなさんに、自分なりのアファーメーションの言葉を持つことをおすすめしているのです。

たとえば、

「私は常に愛の光に満たされている」

「私は日々、健康を回復している」

「私を待ち望むお客様のために、最高級のサービスを提供できる」

などの言葉です。

私自身が唱え続けている言葉は、

「菩薩《ぼさつ》道を実践するための愛と知恵と勇気と富と健康をお授かりしていることに感謝しています」

というものです。

しかし、この言葉を唱えはじめた三十数年前の私には、「愛と知恵と勇気と富と健康」のどれ一つとしてありませんでした。

当時、離婚したばかりで「愛」を失い、離婚を回避する「知恵」も、「勇気」もなかった。離婚で全財産を失い「富」もない。おまけに「健康」も害している。

本当に何一つ持っていなかったのです。

ですが、あたかも全部あるかのように、この言葉を唱えはじめました。もうすでに持っているかのように宣言し、持っている自分を徹底的にイメージして続けたのです。

アドラー心理学には「as if」（アズ・イフ）という考え方があります。

「あたかも何々のように」という具合に、仮想的にイメージするという考え方です。

私は、会社を立ち上げたとき、もうすでに一流の講師であるかのようにイメージして研修をやりました。

「こうなりたい」というイメージをどんどんふくらませていく

そして、すでに一流のカウンセラーであるかのように、カウンセリングをしました。

また、すでに一流の執筆者であるかのように、文章を書きました。

全部アマチュアだったのに、**「すでに何々であるかのように」行動**したのです。

まさに「アズ・イフ」なのです。

これまでがどうであれ、今がどんな状況であれ、一切関係ありません。

大事なのは未来に目を向け、行動していくこと。

あなたも、**「こうなりたい」という未来の中にいる「新しい自分」を徹底的にイメージし、それにふさわしい行動をしていけばいい**のです。

そうすることで、自分の魅力を活かし自信を持って、もっともっと輝いて生きることができるのです。

その魅力は「すでにあるもの」として振る舞ってみる

（了）

本書は、学研パブリッシングから刊行された『アドラー心理学が教える新しい自分の創めかた』を、文庫収録にあたり加筆・改筆・再編集のうえ、改題したものです。

アドラー流《りゅう》「自信《じしん》」が生《う》まれる本《ほん》

著者　岩井俊憲（いわい・としのり）
発行者　押鐘太陽
発行所　株式会社三笠書房
〒102-0072 東京都千代田区飯田橋3-3-1
電話　03-5226-5734（営業部）　03-5226-5731（編集部）
http://www.mikasashobo.co.jp
印刷　誠宏印刷
製本　ナショナル製本

ISBN978-4-8379-6821-4 C0130

王様文庫

王様文庫

アドラー流 人をHappyにする話し方

岩井俊憲

「アドラー心理学」で話すと、もっといい関係に！　◎「わかってほしい」ときの4つの言い方　◎使うと「運」まで良くなる言葉　◎気まずくならない断り方　◎感謝の気持ちを〝具体的に〟表わす　◎人を勇気づける話し方……相手と「気持ちが通じ合う言葉」実例集！

時間を忘れるほど面白い 人間心理のふしぎがわかる本

清田予紀

なぜ私たちは「隅の席」に座りたがるのか——あの顔、その行動、この言葉に〝ホンネ〟があらわれる！　◎「握手」をするだけで、相手がここまでわかる◎よく人に道を尋ねられる人の特徴◎いわゆる「ツンデレ」がモテる理由……「深層心理」が見えてくる本！

「起こること」にはすべて意味がある

ジェームズ・アレン【著】
「引き寄せの法則」研究会【訳】

目の前に現われる出来事、人物、手に入るお金……！　『「原因」と「結果」の法則』ジェームズ・アレンの《実行の書》！　★「手放す」と見返りがやってくる　★達人は静かに歩む　★人生の主導権を握って、はなすな　——世界的ベストセラー訳し下ろし！

K30413